50
IDEIAS DE
ÉTICA
QUE VOCÊ PRECISA CONHECER

Tradução
Fernanda Mello

Copyright © Ben Dupré, 2017
Copyright © Editora Planeta do Brasil, 2019
Título original: *50 Ethics Ideas You Really Need to Know*

Preparação: Débora Dutra
Revisão: Fernanda Guerriero Antunes e Rosane Albert
Diagramação: Vivian Oliveira
Capa: Adaptada do projeto original de Compañía
Imagem de capa: rzymuR / Shutterstock

DADOS INTERNACIONAIS DE CATALOGAÇÃO NA PUBLICAÇÃO (CIP)
ANGÉLICA ILACQUA CRB-8/7057

Dupré, Ben
    50 ideias de ética que você precisa conhecer / Ben Dupré ; tradução de Fernanda Mello. -- São Paulo: Planeta do Brasil, 2019.
    216 p.

ISBN: 978-85-422-1714-8
Título original: *50 Ethics Ideas You Really Need to Know*

1. Ética 2. Filosofia I. Título II. Mello, Fernanda

17-46481   CDD 170

Índices para catálogo sistemático:
1. Ética

2019
Todos os direitos desta edição reservados à
EDITORA PLANETA DO BRASIL LTDA.
Rua Bela Cintra 986, 4º andar – Consolação
São Paulo – SP CEP 01415-002
www.planetadelivros.com.br
faleconosco@editoraplaneta.com.br

Sumário

Introdução	5	27 Altruísmo	110
		28 Amizade	114
01 A boa vida	6	29 Heróis e santos	118
02 Ordem divina	10	30 Integridade	122
03 Certo e errado	14	31 Crime e castigo	126
04 Realismo moral	18	32 A pena de morte	130
05 Subjetivismo moral	22	33 Tortura	134
06 Relativismo	26	34 Corrupção	138
07 O anel de Giges	30	35 Terrorismo	142
08 Intuições morais	34	36 Censura	146
09 A regra de ouro	38	37 Drogas	150
10 O princípio do dano	42	38 Libertação animal	154
11 Fins e meios	46	39 O paradoxo da pesquisa	158
12 Utilitarismo	50	40 Comendo animais	162
13 Ética kantiana	54	41 A santidade da vida	166
14 Deveres *prima facie*	58	42 Morte	170
15 Duplo efeito	62	43 Engenharia genética	174
16 Ações e omissões	66	44 Clonagem	178
17 Sorte moral	70	45 Guerra	182
18 Livre-arbítrio	74	46 *Realpolitik*	186
19 O contrato social	78	47 Capitalismo	190
20 Ética da virtude	82	48 Terra salva-vidas	194
21 Humanismo	86	49 Pobreza	198
22 Niilismo	90	50 O ambiente	202
23 Justiça	94		
24 Igualdade	98		
25 Tolerância	102	Glossário	207
26 Direitos	106	Índice	211

Introdução

Ética tem a ver com o certo e o errado – sobre o que devemos e o que não devemos fazer. Quais são os princípios que devem guiar nosso comportamento? Por quais valores devemos viver? No fim, quais são o propósito e o significado da vida?

Essas são perguntas difíceis, embora possamos achar que já temos algumas respostas. Todos nós sabemos que é errado matar. Ou não? Assassinos matam outras pessoas – o que é errado –, mas é certo que matemos os assassinos para puni-los? Soldados matam com a bênção do Estado; mas essa licença faz com que matar em tempo de guerra seja aceitável? E há questões como a eutanásia e o abate generalizado de animais – uma variedade de casos que colocam em dúvida a alegação de que matar é sempre errado.

Perguntas sobre o que devemos fazer e ser são fundamentais para a natureza humana – somos criaturas profunda e essencialmente éticas –, portanto, essas questões são tão antigas quanto a humanidade. "Se vi um pouco mais longe", observou notoriamente Isaac Newton, "foi porque estava de pé sobre os ombros de gigantes". No campo da ética, nossa visão seria muito comprometida sem os insights dos gigantes filosóficos do passado – Platão, Aristóteles, Kant, Bentham, Mill –, bem como de seus sucessores mais recentes. No entanto, nenhum trabalho desses filósofos rivaliza com a Bíblia ou o Alcorão em sua influência sobre o comportamento humano. E, no inevitável conflito de valores, a religião e a filosofia chegam muitas vezes a conclusões surpreendentemente diferentes.

Este livro explora algumas das questões éticas mais importantes, levando em conta insights de pensadores religiosos e seculares. Se a ênfase está muito firmada no pensamento ocidental, é um reflexo das restrições de espaço e de minha própria competência. As ideias discutidas são infinitamente envolventes porque desafiam não só a forma como pensamos, mas também a maneira como agimos – pois, em última instância, elas realmente importam. Minha esperança é de que essas ideias revolvam a sua consciência enquanto você lê sobre elas, assim como têm feito comigo no decorrer da escrita.

Ben Dupré

01 A boa vida

Como devemos viver para ter uma boa vida? O que torna nossa vida valiosa? Essas questões éticas mais básicas foram colocadas pela primeira vez na Grécia Antiga, cerca de 25 séculos atrás. Desde então, nunca deixaram de dividir opiniões ou as pessoas que as defendem.

Visões sobre o que constitui uma boa vida abrangem o mais amplo espectro. E, nesse caso, infelizmente, a diferença de opinião realmente importa. Porque visões nitidamente divergentes sobre a boa vida afetam de forma mais ou menos direta o modo como nos comportamos e interagimos uns com os outros como seres sociais. Muito sofrimento humano surgiu da discordância sobre essas questões básicas.

Por um vale de lágrimas De uma perspectiva religiosa, uma boa vida é aquela vivida de acordo com a vontade e os desejos dos deuses ou de um deus em particular. No caso do cristianismo, a recompensa por uma vida bem vivida é uma vida beatífica após a morte, em que se habita com Deus pela eternidade. A fonte do verdadeiro valor, portanto, está fora deste mundo. De modo significativo, o que fazemos e alcançamos na Terra é valioso em um sentido secundário e instrumental, na medida em que nos ajuda a ser admitidos em uma outra vida infinitamente melhor após a morte.

A subordinação do físico (e inferior) "aqui e agora" ao espiritual (e superior) além-mundo inevitavelmente conduz à elevação da alma e ao rebaixamento do corpo e seus acessórios. Do ponto de vista cristão, nossa vida terrena é um tempo de tristeza, uma passagem por um "vale de lágrimas", onde nossas esperanças mundanas são transitórias, nossas mesquinhas ambições, vazias. A virtude deve ser encontrada principalmente na obediência à vontade de Deus, uma devoção que, pelo menos em termos históricos, é quase sempre acompanhada do desdém pelos bens mundanos. As qualidades tradicionalmente incentivadas pela Igreja são hábitos de dedicação e abnegação, como castidade, abstinência e humildade.

linha do tempo

Século V a.C.	Século IV a.C.	Séculos IV-III a.C.
Em Atenas, Sócrates pergunta: "Como devemos viver?".	Aristóteles afirma que a felicidade (*eudaimonia*) é o bem maior.	Epicuro defende o prazer como o bem maior.

Felicidade, autonomia e razão Pensadores não religiosos, sem expectativa de uma vida após a morte, são obrigados a descer o olhar, assumindo uma perspectiva humanista (em outras palavras, centrada no ser humano) e estabelecendo qualquer valor que a vida possa ter, não importando o escopo e a promessa que a ela possa oferecer, neste mundo – no mundo natural, ou seja, incluindo as pessoas que o habitam.

> **"Bem-aventurados os pobres de espírito, porque deles é o reino dos céus. [...] Bem-aventurados os puros de coração, porque verão a Deus."**
>
> Jesus Cristo,
> Sermão da Montanha, c. 30 d.C.

Os gregos antigos (que tinham deuses, mas geralmente não aspiravam a viver com eles) e muitos desde então consideravam a felicidade o "bem maior" (*summum bonum*) dos seres humanos. No entanto, houve uma ampla variação de pontos de vista sobre a natureza da felicidade e como ela deve ser alcançada. Por exemplo, o filósofo grego Epicuro identificou felicidade com prazer – embora não o tipo de prazer sensual agora geralmente associado ao seu nome –, como muito mais tarde o fez, e por propósitos bem diferentes, Jeremy Bentham, o pioneiro do utilitarismo (ver também capítulo 12). Outros, embora concordando que a felicidade fosse o (ou talvez um) bem

Aristóteles sobre a boa vida

Para o filósofo grego Aristóteles, assim como para Sócrates e Platão antes dele, a questão ética crítica não era tanto "qual é a coisa certa a fazer", mas "qual é a melhor forma de viver". Ele aceitou a visão grega usual de que o bem maior do homem é a *eudaimonia*: termo geralmente traduzido como "felicidade", porém mais próximo do significado de "florescimento" – um estado mais objetivo e menos psicológico do que a palavra "felicidade" sugere, compreendendo sucesso, satisfação, autorrealização e um nível adequado de conforto material. Como Aristóteles acreditava que a essência do homem é sua capacidade de raciocinar, a completa realização de seu potencial distintivamente humano e, portanto, sua *eudaimonia*, consistiria no "exercício ativo das faculdades da alma [isto é, atividade racional] em conformidade com a virtude ou excelência moral".

c. 30 d.C.	1784	1789	1983
Jesus promete aos fiéis que sua recompensa está no céu.	Immanuel Kant defende que liberdade e razão são a chave para o progresso humano.	Jeremy Bentham afirma que a felicidade é a única e verdadeira medida de valor.	*O sentido da vida*, do grupo Monty Python, mistura Jesus e Kant.

O sentido da vida

O grupo britânico de comédia Monty Python concluiu que isso não era "nada muito especial": "tente ser gentil com as pessoas, evite comer gordura, leia um bom livro de vez em quando...". Mas, para a maioria das pessoas, o questionamento sobre se a vida tem sentido – e se tem, que sentido deve ser esse – parece constituir uma séria e/ou alarmante Grande Questão. Para os religiosos, a resposta pode ser relativamente simples: somos colocados na Terra com um propósito, servir e glorificar a Deus. Aqueles sem religião, no entanto, são obrigados a encontrar conforto em outro lugar (ver também capítulo 21). Muitos ateus concordam com o existencialista Jean-Paul Sartre, que argumentou que a própria indiferença do universo em relação a nós (indiferente porque não há Deus para dar propósito à nossa vida) nos deixa livres para nos envolvermos com o mundo de maneiras que gerem significado para nós. "Condenados a ser livres", somos o que escolhemos ser, produtos das escolhas significativas que fazemos e criadores de significado em nossa vida.

supremo, seguiram Aristóteles ao vê-la como um estado objetivo de florescimento ou bem-estar humanos, em vez de um estado mental subjetivo.

Sócrates afirmou que a vida irrefletida não vale a pena ser vivida. Segundo essa linha de pensamento, é essencial que pensemos por nós mesmos e refletamos constantemente sobre o que torna nossa vida valiosa. Caso contrário, corremos o risco de viver não por valores que escolhemos para nós mesmos, mas por aqueles que nos são impostos pelos outros. Esse insight se provou inspirador para uma sucessão de pensadores durante o Iluminismo, em especial Immanuel Kant (ver também capítulo 13), que proclamava que a autonomia pessoal e sobretudo a liberdade de pensamento e expressão eram fundamentais para que os seres humanos escapassem dos grilhões da superstição e da deferência à autoridade tradicional.

A sede de conhecimento que consumia os pensadores do Iluminismo foi estimulada em grande parte pelas exigências de liberdade e autonomia. A coragem para agir e decidir por conta própria depende da compreensão do contexto e das implicações de nossas ações e decisões. A razão foi reconhecida (mais uma vez, como os gregos fizeram) como a parteira dessa ousadia. E, na prática, os pioneiros da revolução científica, de Newton a Darwin, criaram e desenvolveram métodos de experimentação e investigação de base racional que traziam insights inimagináveis sobre o mundo físico e o lugar do homem dentro dele.

Mundos à parte Como sempre no passado, há também hoje um vasto abismo entre aqueles que veem a vida humana tal qual um momento de transição para uma existência melhor no além-mundo e aqueles que, como os gregos antigos, "fazem do homem a medida de todas as coisas" e buscam perceber o potencial dos seres humanos dentro dos limites de uma vida finita na Terra. Nós, humanos, estamos literalmente em mundos diferentes no que diz respeito à nossa compreensão de nossas origens e natureza – de onde viemos e as implicações que isso tem na forma de vivermos nossa vida. Infelizmente, até que possamos chegar a um consenso sobre o que torna boa uma boa vida, há pouca perspectiva de um acordo na questão mais realista de como viver pacificamente no mundo.

> **Nada além da liberdade é necessário a este Iluminismo [...] a liberdade de fazer uso público da razão em todas as questões.**
>
> Immanuel Kant,
> *O que é Iluminismo?*, 1784.

A ideia condensada
Qual é a melhor forma de viver?

02 Ordem divina

De todas as pessoas que já viveram, agora e no passado, a grande maioria acredita que os seres humanos são produtos da criação divina. Detalhes da conexão entre criatura e criador diferem de religião para religião, mas comumente se supõe algo semelhante a um relacionamento pai-filho. E assim como a maioria concordaria que o comportamento de uma criança deve ser guiado por seus pais, nosso comportamento como humanos (assim acreditam os crentes) deve ser guiado pela vontade de Deus ou dos deuses.

Especificamente, cada uma das três "religiões do Livro" – judaísmo, cristianismo e islamismo – afirma que a moralidade é baseada na ordem divina. O principal meio pelo qual os desejos da divindade são conhecidos pelos seres humanos são as escrituras sagradas, sobretudo a Bíblia e o Alcorão, tidos como divinamente inspirados ou a palavra revelada pelo próprio Deus. Então, de acordo com essa visão, um pensamento ou ato é certo ou errado porque Deus ordenou que assim seja; a virtude está na obediência à vontade de Deus, enquanto a desobediência é pecado.

O dilema de Eutífron Os códigos morais baseados na ordem divina podem ser amplamente adotados, mas ainda assim enfrentam algumas dificuldades. A mais fundamental é a existência de Deus: existe realmente uma divindade para emitir ordens? Essa pergunta talvez seja a menos provável de ser resolvida, porém, assim como as partes na disputa, crentes de um lado e não crentes do outro, vem munida de diferentes armas: fé e razão.

Mesmo deixando de lado essa questão mais básica, há outro problema importante levantado pela primeira vez pelo filósofo grego Platão, há cerca de 2.400 anos, em seu diálogo *Eutífron*. Suponha que injunções morais possam ser identificadas com ordens divinas. O que é moralmente bom é bom porque Deus o ordena, ou Deus o ordena porque é bom?

linha do tempo

?XVIII a.C.
Abraão recebe a ordem de Deus para sacrificar seu filho Isaac.

IV a.C.
No diálogo de Platão, Sócrates discute o significado de piedade com Eutífron em Atenas.

O problema do mal

Uma razão às vezes apresentada para explicar por que devemos fazer o que Deus nos diz é que ele é bom e onisciente: ele tem nossos melhores interesses no coração; e porque ele sabe e prevê todas as coisas, sua orientação é certamente a melhor possível. O problema aqui é que a história, de certo modo, deixa muito espaço para duvidar se Deus realmente tem nossos melhores interesses no coração. De fato, a presença do mal no mundo é um dos mais sérios desafios enfrentados por aqueles que acreditam em Deus – ou, pelo menos, por aqueles que aceitam a visão ortodoxa de Deus como onisciente, onipotente e onibenevolente. Não é difícil conciliar o terrível catálogo de dor e sofrimento no mundo – fome, assassinatos, terremotos e doenças – com a existência de um deus todo-poderoso, onisciente e benevolente? Como pode esse mal existir lado a lado com um deus que tem, por definição, a capacidade de pôr fim a ele?

Se a primeira opção for o caso, as preferências de Deus claramente podem ter sido diferentes. Deus *poderia* ter ordenado que o inocente fosse morto, por exemplo, e, se o tivesse feito, esse assassinato teria sido moralmente correto – só porque Deus ordenou. (De fato, Abraão, patriarca do Antigo Testamento, parece ter tido exatamente essa visão ao decidir que era correto sacrificar seu filho Isaac.) Nessa leitura, a moralidade não passa de obediência a uma autoridade arbitrária.

A outra opção se sai melhor? Na verdade, não. Se Deus ordena o que é bom porque é bom, claramente a sua bondade é independente de Deus. Neste caso, Deus parece não ser mais do que um intermediário. Em princípio, portanto, poderíamos agir por conta própria e ir direto à fonte moral ou padrão, sem a ajuda de Deus. Então, quando se trata de autoridade moral, parece que Deus ou é arbitrário ou é redundante.

Expulsando a prostituta do diabo   É difícil fugir da indagação de Platão, mas teólogos e filósofos responderam a isso de formas muito diferentes. Uma resposta teológica é insistir em que Deus é bom e, portanto, nunca ordenaria o mal. Mas o que é fazer o mal, na visão da ordem divina, além de desafiar a vontade de Deus? Assim, para determinar o que é o mal, não somos menos dependentes de um padrão de bondade que independe de Deus. E, em todo caso, se "bom" *significa* "ordenado por Deus", a afirmação "Deus é

Séculos IV-III a.C.

O problema do mal é, supostamente, declarado pela primeira vez pelo filósofo grego Epicuro.

1546

Martinho Lutero denuncia a razão como a "maior prostituta do diabo".

O comandante instável

Uma grande dificuldade para a teoria ética da ordem divina é que a vontade de Deus, como revelada por meio de inúmeros textos religiosos, contém muitas mensagens que são ou repugnantes ou realmente contraditórias. Esses conflitos ocorrem entre as religiões e dentro delas. Para dar um exemplo notório, a Bíblia declara: "Se um homem dormir com outro, como se fosse com mulher, ambos cometem uma abominação e serão punidos com a morte: seu sangue cairá sobre eles" (Lv 20,13). A recomendação de que homossexuais sexualmente ativos devam ser executados, detestável por si só, contradiz as injunções contra o assassinato em outras partes da Bíblia, incluindo, é claro, um dos Dez Mandamentos. No mínimo, é um desafio usar as visões conhecidas de Deus para construir um sistema moral aceitável e internamente coerente.

bom" é tudo menos sem sentido – algo como "Deus é tal que age em conformidade com as próprias ordens".

A resposta mais robusta ao dilema de Platão foi dada por Martinho Lutero, líder da Reforma Protestante do século XVI, que insistiu que o bem é, de fato, o que Deus ordena, e que sua vontade não pode ser justificada ou explicada por referência a qualquer padrão independente de bondade. É sabido que, Lutero condenou a razão humana como a "maior prostituta do diabo" – uma faculdade hostil a Deus, corrupta e, portanto, incapaz de trazer uma verdadeira compreensão do relacionamento entre Deus e os seres humanos.

Moralidade além da razão A visão de Lutero a esse respeito é bastante consistente. Se a moralidade é baseada na autoridade de Deus, essa autoridade, sendo arbitrária, deve ser tomada em confiança: está além da razão – irracional, ou, pelo menos, não racional. Sob esse ponto de vista, a razão é bastante irrelevante em questões de moralidade; não há base para debates ou argumentos morais e, assim, é claro, não há lugar para a filosofia moral.

Não é de surpreender, então, que a tradição filosófica convencional tenha visto o outro lado do dilema de Platão como menos desconfortável. Embora a maioria dos filósofos anteriores ao século XX acreditasse em Deus ou deuses, ou pelo menos professasse isso, a crença religiosa em geral não desempenhava um papel fundamental ou indispensável na ampla variedade de visões éticas apresentadas.

> **"O bem consiste em sempre fazer o que Deus quer em qualquer situação."**
>
> Emil Brunner,
> *The Divine Imperative*
> [O imperativo divino], 1932.

A razão não pode provar que a moralidade humana não é baseada na autoridade divina. O que parece claro, no entanto, é que, se for assim baseada, não podemos compreender tal princípio da mesma forma que sabemos sobre outras coisas no mundo. Não há como, mesmo em tese, decidir entre diferentes moralidades religiosas, porque não há critérios independentes nos quais basear uma decisão. Com a investigação racional descartada e nenhuma evidência disponível, qualquer moralidade parece ser tão boa ou ruim quanto outra. É por isso que, para o bem ou para o mal, a moralidade religiosa, como a própria religião, não é uma questão de razão, mas de fé.

> **"Nenhuma moralidade pode ser baseada na autoridade, mesmo que a autoridade seja divina."**
>
> Ayer,
> filósofo britânico.

A ideia condensada
É bom porque Deus diz que é?

03 Certo e errado

É certo usar embriões humanos em pesquisas médicas que possam salvar vidas no futuro? Ou lutar uma guerra por uma causa justa, mesmo que isso provoque a morte de civis inocentes? É errado que algumas pessoas vivam na riqueza enquanto outras, em outros lugares, estão morrendo de fome? Ou que animais não humanos sejam abatidos para fornecer alimento para seres humanos?

Questões de certo e errado – do que é moralmente bom e moralmente ruim – são a preocupação central da ética, ou da filosofia moral. Um tema fundamental na ética é o valor: o significado moral ou o valor que atribuímos às coisas. Dizer que algo tem valor, nesse sentido, é reconhecer que tem peso nas escolhas e decisões que tomamos e que deveria (tudo o mais sendo constante) guiar nosso comportamento. O problema é que tudo o mais quase nunca é constante.

Quando os valores se chocam Valores entram em conflito, levando ao debate moral e estabelecendo dilemas morais. Tomemos o exemplo da pesquisa envolvendo embriões humanos: quase todos atribuem valor substancial à vida humana; e quase todos acham que os seres humanos não devem ser "usados" – explorados ou, como Kant diria, tratados apenas como um meio para um fim. No entanto, esses valores parecem entrar em conflito nesse tipo de pesquisa. O objetivo é claramente salvar ou melhorar vidas, e, ainda assim, os seres humanos, sem dúvida, são explorados no processo. Somos puxados em direções diferentes, com razões aparentemente convincentes tanto para apoiar essa pesquisa quanto para nos opor a ela.

Como muitas vezes acontece, nesse caso não são tanto os valores em si que estão em questão, mas sobretudo os fatos envolvidos no debate é que geram controvérsia. Especificamente, é o status dos embriões humanos – uma questão factual, embora espinhosa – que divide opiniões. Esses embriões são certamente humanos, mas são eles seres humanos ou seres humanos "propriamente ditos"? Eles podem ser sensatamente descritos como "pessoas"? Ou são apenas

linha do tempo

1785
Immanuel Kant declara que a humanidade nunca deve ser tratada apenas como um meio para um fim.

Década de 1940
A visão emotivista da ética é apresentada por A. J. Ayer, C. L. Stevenson e outros.

Origens da ética

As origens da moralidade humana devem, inevitavelmente, permanecer objeto de especulação, escondidas nas profundezas de nosso passado pré-histórico. Ainda assim, estudos com grandes símios não humanos, intimamente relacionados, sugerem que um senso básico de certo e errado pode ter surgido como produto de pressões evolutivas sobre animais inteligentes convivendo em grupos sociais relativamente estáveis. Nesses grupos, os benefícios evolutivos da reciprocidade e cooperação em atividades como limpeza e coleta de alimentos dependem da minimização da trapaça – indivíduos ganhando benefícios sem retribuí-los. E a melhor forma de se evitar esse tipo de trapaça, ao que parece, é identificar aqueles que cometam um crime e impedi-los de "reincidir" mediante punição ou exclusão do grupo. Não é necessário um enorme salto de imaginação para ver como ideias rudimentares de justiça e trapaça, certo e errado, punição e culpa poderiam emergir dessas interações sociais.

seres humanos em potencial? As respostas a essas perguntas determinarão, esperamos, o nível de consideração a que os embriões têm direito – talvez os direitos que eles têm (ou de que "desfrutam", o que ressalta o aspecto paradoxal). E, a partir daí, talvez sejamos capazes de julgar a consideração que eles merecem em paralelo a questões como a preocupação com as pessoas cujas vidas serão salvas ou melhoradas como resultado da pesquisa.

Subindo a torre de marfim Uma conclusão que podemos extrair do caso dos embriões é que questões éticas, tipicamente, importam e têm significado prático. Para a maioria não sociopata, a consequência de se aceitar algo como moralmente certo ou errado é reconhecer que podemos ter que fazer alguma coisa a respeito. Se a pesquisa envolvendo embriões humanos estiver errada, devemos mudar não apenas o que pensamos, mas o que fazemos.

A constatação de que a ética trata principalmente de questões do mundo real pode pare-

> **"As questões morais realmente difíceis surgem não de um confronto entre o bem e o mal, mas de uma colisão entre dois bens."**
>
> Irving Kristol,
> jornalista e escritor americano, 1983.

Década de 1960
Questões práticas (aplicadas) de ética tornam-se o foco de consistente atenção filosófica.

2000
A administração Clinton publica diretrizes sobre o financiamento federal de pesquisas com células-tronco embrionárias humanas.

De ações e chaves inglesas

Quando falamos sobre a chave "certa" (chave inglesa), não estamos atribuindo uma qualidade intrínseca a ela. Em vez disso, estamos dizendo que suas mandíbulas têm o tamanho correto para se adequar a uma porca específica – que ela possui uma propriedade (uma propriedade relacional, e não intrínseca) que a torna a ferramenta certa para o trabalho. Não faz sentido dizer que a chave está certa em si mesma; sua exatidão depende de sua adequação à resposta de uma necessidade ou interesse humanos específicos. Um furacão de ar quente filosófico foi expelido nas tentativas de decidir, basicamente, se o que vale para as chaves também se aplica às ações. Digamos, matar é intrinsecamente errado por si só? Ou precisamos considerar o contexto e o resultado de um ato de matar (apenas? também?) para decidir se é certo ou errado? Uma boa ação precisa de um mundo perverso para brilhar?

cer óbvia demais para ser dita, não fosse o fato de os próprios filósofos terem às vezes parecido esquecê-la. Na primeira metade do século XX, a filosofia anglo-americana praticamente desistiu da tarefa de abordar questões morais substantivas e práticas. Numa época em que o mundo estava quase literalmente ruindo ao seu redor, muitos filósofos se convenceram de que seu papel era limitado, *em princípio*, a analisar o significado de termos morais; em vez de abordar questões sobre o que é realmente certo e errado, concentraram-se no que significa chamar algo de certo ou errado.

Esse fascínio com a metaética (ética de "segunda ordem") deveu-se em grande parte a uma espécie de ceticismo moral que se instalou nesse período. Particularmente influente a esse respeito foi um grupo de filósofos chamados emotivistas, que afirmavam que os termos morais não expressavam, de forma alguma, declarações de fato, mas, sim, o estado emocional de seus falantes. Argumentavam que afirmações morais nunca poderiam, mesmo em princípio, ser (ou ser mostradas como) verdadeiras ou falsas; não havia verdades morais nem fatos morais, e (o que quer que fossem) esse não era o tipo de coisa sobre o qual poderíamos ter conhecimento (ver também capítulo 5).

De volta à realidade Na década de 1960, a filosofia moral foi arrastada de volta à Terra, ao mundo real da Guerra do Vietnã, à luta pelos direitos civis e pela libertação das mulheres. Desde aquela época, os filósofos (a maioria deles, algumas vezes) têm se dedicado às questões concretas do dia a dia, abrangendo um amplo espectro de tópicos, desde a guerra e a pobreza mundial, passando por direitos e igualdade, até meio ambiente, ética médica e direitos dos animais.

A ideia condensada
De volta ao elementar da ética

04 Realismo moral

O mundo é uma realidade externa que existe independentemente de nós. Em princípio, a qualquer momento existe uma descrição única de como as coisas estão no mundo, e uma afirmação verdadeira sobre o mundo é aquela que corresponde a essa descrição. É tarefa da ciência, em particular, descobrir o que está "lá fora" – filtrar as distorções da perspectiva humana para fornecer um relato preciso e objetivo de como as coisas são. O mundo pode parecer diferente de diferentes pontos de vista, mas na realidade permanece o mesmo – nossas perspectivas mudam, ele não.

Essa é uma imagem realista do mundo, e sua característica essencial é a objetividade: ela pressupõe que as coisas realmente existem, que existem independentemente de nós, e que as afirmações feitas sobre elas podem ser verdadeiras ou falsas. É uma visão comum, até mesmo uma visão de senso comum, com a qual a maioria das pessoas concordaria amplamente. No entanto, as dificuldades começam a surgir quando propriedades como cor e som são introduzidas na imagem. Podemos, impensadamente, supor que um tomate, sem ser visto, é realmente vermelho, ou que uma árvore que cai, sem ser ouvida, realmente faz barulho, mas a singularidade de pensar que essas propriedades existem *independentemente* dos seres humanos é bastante óbvia.

As coisas se tornam ainda mais peculiares quando nos aproximamos de valores, estéticos ou éticos. Podemos dizer que a beleza está nos olhos de quem vê, mas normalmente supomos que seja algo mais do que isso; decerto *falamos* como se ser bonito fosse uma propriedade real das pessoas e objetos que descrevemos. A rigor, o mesmo tipo de questão envolve valores morais. Em geral, supomos que eles são reais e que há mais, digamos, para a crueldade deliberada ser errada do que imaginamos. Mas as perplexidades surgem quando consideramos a que exatamente esse "mais" pode equivaler.

linha do tempo

Século IX a.C.
Platão relaciona valor ético ao mundo das Formas.

1903
O intuicionismo moderno é desenvolvido no livro *Princípios éticos*, de G. E. Moore.

O mobiliário do universo Em sua forma mais robusta, a afirmação do realista moral é de que os valores éticos são fatos morais objetivos: entidades que, em algum sentido, são parte do "mobiliário" do universo, ou propriedades que estão entrelaçadas em seu "tecido". Assim, os valores éticos têm um status essencialmente igual ao dos objetos físicos da ciência. A característica diferencial dessas entidades é que elas carregam algum tipo de força prática e prescritiva – são orientadoras da ação, no sentido de que compreender o erro da crueldade é reconhecer uma compulsão para não agir com crueldade. É a absoluta singularidade, ou "estranheza", dessas entidades, dotadas de propriedades tão excêntricas, que leva os céticos morais, como o filósofo australiano J. L. Mackie, a defender que a ideia de moralidade objetiva é simplesmente uma ilusão.

> **"A ordem moral [...] é tão parte da natureza fundamental do universo [...] quanto é a estrutura espacial ou numérica expressa nos axiomas da geometria ou da aritmética."**
> Sir David Ross
> *The Right and the Good*
> [O certo e o bom], 1930.

O primeiro e mais intransigente de todos os realistas morais, Platão, era bastante despreocupado em relação a pensamentos de estranheza. Ele construiu (ou descobriu, como diria um platônico) todo um conjunto de mobílias metafísicas: o mundo das Formas – um reino de entidades perfeitas, imutáveis e universais que existem fora do tempo e do espaço. É de algum modo pela imitação da Forma da Justiça que as coisas justas são justas; pela imitação da Forma do Bem que as coisas boas são boas. Platão reconheceu o aspecto orientador da ação desses paradigmas morais, afirmando que era impossível conhecer o Bem sem fazer o bem.

A intuição e a falácia naturalista Um desafio difícil para os realistas morais é explicar como nós, humanos, podemos obter acesso a fatos morais objetivos, mesmo supondo que essas entidades peculiares existam. Platão acreditava que a reflexão filosófica levaria a alma a se recordar do conhecimento das Formas que havia adquirido antes de nascer em um corpo físico. Para a maioria, o relato de Platão servirá mais para destacar a dificuldade da questão do que para fornecer uma resposta satisfatória. Buscando um meio menos (ligeiramente menos) exótico de salvar o realismo moral, vá-

1977
J. L. Mackie elabora seu argumento a partir da estranheza.

1985
Bernard Williams defende o ponto de vista pessoal na ética.

rios realistas em diversas épocas sugeriram que as pessoas têm um senso ou faculdade moral inata, um tipo de "intuição", que lhes permite apreender diretamente fatos morais objetivos.

> ## Naturalismo sob ataque
>
> Um naturalista acredita que tudo pertence ao mundo da natureza e, portanto, que tudo, incluindo o pensamento ético, pode, em última instância, ser explicado em termos naturais (científicos). Uma versão do naturalismo, que busca identificar termos éticos (como "certo") com os naturais (como "dar prazer"), é atacada por G. E. Moore como promotora de uma suposta falácia naturalista. Outra versão sustenta que conclusões éticas podem ser logicamente extraídas de premissas não éticas (ou seja, naturais). Esta última visão foi questionada pelo filósofo escocês David Hume, cuja famosa "guilhotina" parece separar o mundo dos fatos do mundo do valor. Como, pergunta ele, podemos passar de uma afirmação descritiva sobre como as coisas se situam no mundo (uma afirmação "é") a uma afirmação prescritiva nos dizendo o que deveria ser feito (uma afirmação "deveria")?

Um dos pioneiros modernos do intuicionismo ético, o filósofo inglês G. E. Moore, é mais lembrado hoje por sua discussão sobre o que ele chamou de "falácia naturalista". O filósofo argumentou que muitas pessoas antes dele cometeram o erro de tentar *reduzir* as propriedades morais às naturais. Assim, por exemplo, os primeiros utilitaristas tentaram definir "bem" como "o que quer que traga felicidade". Mas, na opinião de Moore, esse movimento está fadado ao fracasso porque é sempre uma questão aberta e significativa perguntar: "Tudo bem, mas o que quer que traga felicidade é bom?". Em outras palavras, analisar a bondade em termos de alguma propriedade diferente (felicidade, prazer, dever etc.) só transferirá o problema para essa outra propriedade. Tentar explicar bondade em termos de outra coisa é tão infrutífero quanto tentar descrever o amarelo a uma pessoa cega. Podemos explicar o que é amarelo apenas apontando para algo e dizendo: "Isto é amarelo"; da mesma forma, no caso da bondade, só podemos apontar para algo e dizer: "Isso é bom".

Então, a bondade e outras propriedades morais não podem ser definidas ou analisadas ou identificadas com qualquer outra coisa; nem podem ser provadas ou testadas como os fatos físicos da ciência. Elas só podem ser entendidas pela intuição – nossa capacidade inata de apreender que certas coisas são evidentemente valiosas. Entre as coisas que a intuição compreende dessa forma, o próprio Moore contou amizade e beleza. No entanto, surpreendentemente, intuicionistas posteriores descobriram outras coisas não menos valiosas e não menos evidentes – uma falta de consenso que ameaça a credibilidade da abordagem intuicionista.

O custo da universalidade Outra rota para a objetividade moral, mais sutil do que a variante moralidade-como-mobiliário-do-universo, foi traçada (apenas para ser rejeitada) pelo filósofo inglês Bernard Williams. De acordo com essa visão, a objetividade não se relaciona com os "objetos de moralidade" (os fatos ou propriedades hipotéticos que existem independentemente no mundo), mas com a validade do raciocínio que sustenta julgamentos morais práticos – julgamentos sobre o que devemos fazer. Assim como a ciência (segundo uma visão comum) tenta se aproximar cada vez mais da verdade objetiva eliminando sistematicamente os vieses do ponto de vista pessoal, o raciocínio ético também pode aspirar a alcançar a verdade moral objetiva detectando e compensando as distorções introduzidas por interesses pessoais ou paroquiais.

Esse tipo de objetividade é reivindicado, pelo menos implicitamente, por qualquer teoria ética construída sobre fundamentos de universalidade e imparcialidade. O próprio Williams, no entanto, considerou absurda a ambição de apagar a perspectiva pessoal na tomada de decisões morais práticas. Os interesses, projetos e compromissos pessoais assim excluídos são precisamente aquelas coisas que dão à vida muito de seu valor e significado: o preço pago pela objetividade, nesse sentido, é a perda da integridade individual (ver capítulo 30).

A ideia condensada
Valores e o mobiliário do universo

05 Subjetivismo moral

"Tome qualquer ação considerada viciosa: assassinato intencional, por exemplo. Examine-a sob todas as luzes e veja se pode encontrar um fato ou existência real do que você chama de vício... O vício lhe escapa inteiramente, contanto que considere o objeto. Você nunca consegue encontrá-lo, até voltar sua reflexão para seu próprio peito e encontrar aí um sentimento de desaprovação, que surge em você, em relação a essa ação. Eis uma questão de fato; mas ela é o objeto do sentimento, não da razão. Está em você mesmo, não no objeto." (David Hume)

Antes do século XVIII, a grande maioria dos pensadores, em geral religiosamente inspirada, acreditava em uma ou outra forma de objetivismo moral. Depois, no Iluminismo, quando a religião começou a afrouxar seu controle, as pessoas começaram a abordar seriamente a questão do "fundamento moral": se os princípios morais são uma "questão de fato ou existência real" – ou seja, se estão objetivamente no mundo e são averiguáveis pela razão, ou melhor, se são de alguma forma baseados nas respostas emocionais dos seres humanos. As formas modernas da última visão, conhecidas como subjetivismo moral, devem muito ao filósofo escocês David Hume, cujo influente argumento, parcialmente citado acima, aparece em seu *Tratado da natureza humana*, publicado em 1739-1740.

Subjetivismo ingênuo Para muitos filósofos contemporâneos, como foi para Hume, a mudança para uma visão subjetivista da moralidade foi inicialmente estimulada pela simples estranheza de supor que os valores estão de alguma forma "lá fora" no mundo, entidades que existem independentemente dos humanos que as consideram valiosas. Ao mesmo tempo, amplas evidências empíricas de discordância ética, tanto dentro quanto en-

linha do tempo

1739-1740
O *Tratado da natureza humana*, de David Hume, sustenta que a moralidade é subjetiva e baseada em sentimentos humanos.

c. 1885
Friedrich Nietzsche afirma que não há fatos morais, apenas interpretações feitas a partir de perspectivas particulares.

tre culturas, pareciam se somar fortemente contra a ideia de que valores morais tinham algum tipo de status objetivo e universal.

> "Não há nada bom ou mau, mas o pensamento o faz assim."
>
> Shakespeare, *Hamlet*, c. 1602.

Uma reação extrema a esse objetivismo avançado é um subjetivismo igualmente avançado, segundo o qual as afirmações morais são simplesmente descrições ou relatos de nossos sentimentos sobre ações e agentes. Então, quando digo "assassinato é errado", estou apenas afirmando minha desaprovação. As deficiências dessa visão são bastante óbvias. Tudo que eu disser, desde que seja uma descrição precisa dos meus sentimentos, será verdadeiro (para mim) – a sinceridade por si parece bastar como justificação moral. Então, se eu sinceramente acreditar que assassinato está certo, isso é verdade (para mim). Sem dúvida, não há lugar aqui para desacordo moral ou debate.

A teoria da vaia e do aplauso Uma forma mais sofisticada de subjetivismo é o emotivismo, uma teoria desenvolvida pelo filósofo inglês A. J. Ayer e outros durante a primeira metade do século XX. De acordo com essa visão (humoristicamente chamada de "teoria buuu-viva"), julgamentos morais não são descrições ou afirmações de nossos sentimentos sobre coisas no mundo, mas *expressões* desses sentimentos. Então, quando fazemos um julgamento moral, estamos expressando uma resposta emocional – nossa aprovação ("viva!") ou desaprovação ("buuu") de algo no mundo. "Matar é

Razão, escrava das paixões

A própria compreensão de David Hume acerca da ação moral é de que todos os humanos são naturalmente movidos por um "senso moral" ou uma "empatia", que é, em essência, uma capacidade de compartilhar os sentimentos de felicidade ou penúria dos outros; e é esse sentimento, em sua opinião, e não a razão, que, em última análise, fornece o motivo para nossas ações morais. A razão é essencial para compreender as consequências de nossas ações e planejar racionalmente como alcançar nossos objetivos morais, mas é inerte e incapaz de fornecer qualquer impulso à ação: na famosa frase de Hume, "a razão é, e deve ser apenas, a escrava das paixões". O papel preciso da razão para se chegar a juízos éticos continuou a ocupar um lugar central e contencioso na ética.

1936
A. J. Ayer desenvolve a ideia de ética emotivista em seu *Linguagem, verdade e lógica*.

1952
R. M. Hare fornece um relato prescritivo de moralidade em *A linguagem da moral*.

errado" é uma expressão de nossa desaprovação ("buuu para matar!"); "é bom dizer a verdade" é uma expressão de nossa aprovação ("viva para dizer a verdade!").

> ## Pós-modernismo e Nietzsche
>
> Desde a década de 1960, uma série de pensadores pós-modernistas atacou a ideia de objetividade em muitas áreas, incluindo a ética. A desconfiança em relação ao objetivo e universal, visto como uma construção de cientistas e filósofos excessivamente otimistas no mundo pós-iluminista, remonta ao trabalho de Friedrich Nietzsche, que acreditava que todas as crenças humanas, longe de refletirem a realidade, estavam necessariamente fundamentadas em uma ou outra perspectiva sobre ela. Um código moral particular, de acordo com essa visão, é sempre uma entre muitas interpretações e, portanto, nunca pode ser verdadeiro ou falso, certo ou errado. Esse código pode ser entendido apenas pelo prisma de sua história e pela psicologia de seus adeptos. Assim, por exemplo, a "moralidade do escravo" da tradição judaico-cristã deve ser vista à luz de seus partidários fracos e temerosos. O tipo de personalidade forte reverenciada por Nietzsche rejeitaria essa moralidade e criaria uma própria.

Ainda assim, podemos nos perguntar se o emotivismo se sai muito melhor do que o subjetivismo ingênuo. O emotivismo chega mais perto de acomodar a visão do senso comum que pressupõe um mundo externo de valores objetivos? Os emotivistas podem evitar ter que dizer que "assassinato é certo" é verdade (para mim) desde que esse seja o meu sentimento sincero sobre o assunto, mas eles o fazem, contra a visão comum, apenas insistindo que afirmações morais, como expressões de aprovação e desaprovação, não são nem verdadeiras nem falsas. E a teoria também não combina com o tipo de debate e deliberação que caracteriza nossa vida moral real. O raciocínio moral, ao que parece, é pouco mais que um exercício de retórica – moralidade como publicidade, como foi sarcasticamente colocado. É claro que os emotivistas podem responder que são nossas suposições de senso comum que estão erradas, não sua teoria, mas esse é um preço alto a pagar.

A lógica da prescrição Ter sucesso onde o emotivismo falha – em captar os padrões de lógica que sustentam o discurso ético – é considerado um dos principais méritos de seu influente rival subjetivista, o prescritivismo. Intimamente associado ao filósofo inglês R. M. Hare, o insight epônimo do prescritivismo é que os julgamentos éticos têm um elemento prescritivo – são orientadores da ação, dizendo-nos o que fazer ou como nos comportar. Dizer que matar é errado é emitir um imperativo moral, equivalente a dar e aceitar uma ordem: "Não mate!".

O segundo principal componente do relato de Hare é que julgamentos éticos, ao contrário de outros tipos de comando, são "universalizáveis". Se eu emitir uma injunção moral, estou comprometido a sustentar a obediência dessa injunção por qualquer pessoa (inclusive por mim) em circunstâncias apropriadamente semelhantes. A discordância moral, propõe o prescritivista, é um tipo de impasse lógico, análogo a uma situação na qual ordens conflitantes são dadas; inconsistência e indecisão são explicadas por haver várias injunções, nem todas podem ser simultaneamente obedecidas. Dessa forma, o prescritivismo aparentemente permite mais espaço para discordância e debate do que o emotivismo. Muitos ainda questionam se ele reflete adequadamente toda a profundidade e complexidade do diálogo moral real.

> **"Não vejo como refutar os argumentos em favor da subjetividade dos valores éticos, mas me vejo incapaz de acreditar que tudo o que há de errado com a crueldade gratuita é o fato de eu não gostar dela."**
>
> **Bertrand Russell,** filósofo inglês, 1960.

A ideia condensada
A moralidade está dentro de nós?

06 Relativismo

A beleza está nos olhos de quem vê? Sem dúvida, a questão mais familiar no campo da estética é se valores estéticos, como beleza, são propriedades "reais" – inerentes, objetivas – das coisas às quais são atribuídas. Ou esses valores são, antes, inextricavelmente ligados ou dependentes dos julgamentos e atitudes dos indivíduos que conferem as atribuições? A suposição do relativismo moral, simplesmente, é que a segunda resposta é a correta, e que o que vale para a estética vale também para a ética.

Até certo ponto significativo, a proposta do relativista é que tratemos julgamentos morais como se fossem estéticos. Se você diz que gosta de ostras e eu não, concordamos em diferir. Nesse caso, não faz sentido dizer que um ou outro de nós está certo ou errado; e me parece absurdo tentar persuadi-lo a deixar de gostar de ostras ou a criticá-lo por gostar delas.

Do mesmo modo, argumenta o relativista, se determinado grupo social ou comunidade aprova, digamos, o infanticídio, não é algo sobre o qual possam estar errados – é moralmente certo para eles. E não seria apropriado que outros os criticassem ou tentassem persuadi-los a mudar de ideia, porque não há ponto de vista neutro a partir do qual fazê-lo. Então, de acordo com essa visão, nenhuma verdade moral – nenhum princípio moral ou crença – é "realmente" certa ou errada; isso só pode ser considerado a partir da perspectiva de determinada cultura, sociedade ou período histórico.

O costume é o rei Um dos atrativos óbvios do relativismo é que ele se adapta bem à grande diversidade de crenças morais que existem hoje e que existiram em diferentes momentos e lugares no passado. Esse ponto foi reconhecido há muito tempo. O historiador grego Heródoto, escrevendo no século V a.C., conta a história de um grupo de gregos na corte de Dario, rei da Pérsia, que fica chocado ante a sugestão de que deviam comer os cadáveres de seus pais; o grupo é então confrontado com membros de uma

linha do tempo

Século VI a.C.
De acordo com Heródoto, Dario, O Grande da Pérsia, explora a ideia de relativismo cultural.

Século V a.C.
O relativismo moral é defendido por Protágoras e outros sofistas gregos.

tribo, os calatianos, que seguem exatamente essa prática, apenas para descobrir que os calatianos não ficam menos enojados pelo hábito grego de queimar seus mortos. Observando que a moralidade é basicamente uma questão de convenção, o historiador então cita com aprovação o poeta Píndaro, dizendo: "O costume é o rei de todos".

Discordando sobre concordar em discordar Um problema com o tratamento relativista dos juízos morais, como se fossem estéticos, é que isso parece excluir a discordância sobre os valores morais: aparentemente, não há sentido em discutir o certo e o errado sobre comer ostras ou infanticídio. Mas, na realidade, nossa vida está repleta desse argumento e debate: muitas vezes assumimos posições fortes em questões éticas, como aborto e pena de morte, e com frequência, tanto individualmente quanto em sociedade, mudamos de opinião ao longo do tempo. O relativista absoluto teria que dizer não apenas que coisas diferentes são certas para pessoas diferentes, mas que as mesmas coisas são certas para as mesmas pessoas ao mesmo tempo, e não para as outras. O relativista pode realmente viver com a conclusão de que práticas como escravizar pessoas ou queimar hereges estão erradas agora, mas estavam certas no passado, porque as culturas anteriores as consideravam assim?

Os defensores do relativismo às vezes tentam transformar em vantagem sua falha em levar seriamente em conta os aspectos comuns de nossa vida moral. Argumentam que talvez não devamos julgar outras culturas; deveríamos ser *mais* tolerantes, ter a mente aberta e ser sensíveis a outros costumes e práticas. Em resumo, devemos viver e deixar viver. Mas isso realmente não acontece. Pois é apenas o não relativista supostamente intolerante que pode, em termos lógicos, sustentar a tolerância e a sensibilidade cultural como virtudes que todos devemos adotar. Da perspectiva relativista, é claro, a tolerância é só outro valor sobre o qual diferentes culturas ou sociedades deveriam concordar em discordar.

> **"O que é moralidade em dado tempo ou lugar? É aquilo de que a maioria naquele tempo e naquele lugar gosta, e imoralidade é aquilo de que a maioria desgosta."**
>
> **Alfred North Whitehead**, filósofo inglês, 1941.

Década de 1960
As ideias relativistas fomentam o crescimento do "está tudo liberado" do libertarianismo.

2005
O cardeal Joseph Ratzinger denuncia a "ditadura do relativismo".

> ## A ditadura do relativismo
>
> Ideologicamente oposto ao relativismo está o absolutismo, a visão de que há certos princípios morais que nunca devem ser violados, certas ações que estão sempre erradas. Particularmente absolutistas, por exemplo, são as moralidades religiosas, que, portanto, parecem ser ameaçadas de modo especial pelas ideias relativistas. Em 2005, pouco antes de se tornar o papa Bento XVI, o cardeal Joseph Ratzinger proferiu um sermão em que expressou seus temores de que a certeza da fé, que nos "abre para tudo que é bom e nos dá o conhecimento para julgar o verdadeiro a partir do falso", estivesse sendo usurpada pelo relativismo – uma crença corrosiva de que qualquer ponto de vista é tão bom quanto outro e, portanto, é impossível alcançar a verdade absoluta sobre qualquer assunto. O resultado, ele acreditava, era "uma ditadura do relativismo" – uma tirania que encorajava uma sensação falsa e anárquica de liberdade e precipitava a descida à licenciosidade moral e especialmente sexual.

Se tudo está liberado... A partir do julgamento comum, senão fácil, de que "tudo é relativo", às vezes se infere que "está tudo liberado", e nas últimas décadas esse se tornou o slogan de uma espécie de libertarianismo que se colocou contra todas as formas de forças tradicionais ou reacionárias de domínio na sociedade, na cultura e na religião. No entanto, o tipo de incoerência que aflige o relativista tolerante rapidamente supera essas versões mais extremas do relativismo.

O relativismo radical é a visão de que *todas* as afirmações – morais e todo o resto – são relativas. Então, a afirmação de que todas as afirmações são relativas é ela mesma relativa? Bem, tem que ser, para se evitar a autocontradição; mas, se for, significa que minha afirmação de que todas as afirmações são absolutas é verdadeira *para mim*. Assim, por exemplo, os relativistas não podem dizer que é sempre errado criticar os arranjos culturais de outras sociedades, porque isso pode ser certo *para mim*. Em geral, os relativistas não podem consistentemente manter a validade de sua própria posição.

Palatável em moderação Os nomes mais antigos associados ao relativismo moral são os dos sofistas da Grécia clássica – os filósofos e professores viajantes, como Trasímaco e Protágoras, que afirmaram (segundo Platão) que as coisas eram boas ou ruins, certas ou erradas, justas ou injustas devido à convenção humana, e não aos fatos da natureza. As inconsistências do relativismo de Protágoras são habilmente expostas pelo Sócrates dos diálogos platônicos, mas de fato Protágoras parece ter adotado uma posição moderada, argumentando que deve haver *algumas* regras (embora baseadas em convenções) para assegurar que a sociedade possa funcionar de forma tolerável.

A posição de Protágoras é um reconhecimento de que temos que concordar em *alguma coisa*, ter *algum* terreno comum, a fim de vivermos juntos como seres sociais. Esse é precisamente o terreno comum minado pelo relativismo radical. Mas, na realidade, como a antropologia mostrou, embora possa haver inúmeras diferenças em detalhes, muitos valores fundamentais são compartilhados por praticamente todas as culturas, passadas e presentes: regras aceitas contra assassinatos ilegais, por exemplo, sem as quais a vida social seria impossível; e regras contra quebra de promessas, sem as quais a cooperação seria inviável. Assim, uma leve dose de relativismo pode ser um corretivo saudável para a insularidade cultural ou a intolerância. Mas doses pesadas são tóxicas, induzindo a algo próximo do niilismo moral.

A ideia condensada
Moralidade por maioria de votos?

07 O anel de Giges

Giges, um pastor a serviço do rei Candaules da Lídia, estava cuidando de suas ovelhas quando um súbito terremoto expôs uma tumba subterrânea. Ao descer, ele encontrou um cavalo oco de bronze contendo um cadáver gigante, o corpo nu exceto por um anel de ouro, que ele tirou e guardou. Um pouco mais tarde, ele descobriu que o anel tinha o poder de torná-lo invisível. Escolhido como mensageiro para informar o rei sobre o estado de seus rebanhos, Giges entrou no palácio, onde usou o poder do anel para seduzir a rainha e assassinar o rei, assumindo o trono.

O que Giges fez é errado? E isso fez dele uma pessoa má? A maioria de nós provavelmente diria que "sim" para a primeira pergunta, mas podemos ser um pouco mais cautelosos sobre a segunda. E esse é precisamente o contraponto que Gláucon, o personagem que conta essa história em *A República*, de Platão, deseja fazer. Ele argumenta que as pessoas se comportam moralmente por necessidade, porque é de seu interesse fazê-lo, não porque querem de fato. Sermos vistos agindo moralmente nos dá uma boa reputação entre nossos semelhantes, e esse é o caminho mais seguro para as coisas boas da vida – poder, riqueza e o resto. Mas, tendo em vista a oportunidade que é dada a Giges – de agir como quiser sem medo de ser pego e punido –, todos nós faríamos como ele fez. Sem pensar duas vezes se é certo ou errado, mentiríamos, roubaríamos e mataríamos para promover nossos próprios interesses.

Então, o anel de Giges levanta uma das questões mais fundamentais na ética: o problema da motivação moral. Por que ser bom? Somos humanos naturalmente bons – bons pelo simples fato de sermos bons? Ou somos bons por razões essencialmente egoístas? Grande parte da história da filosofia, desde Platão, pode ser vista como uma tentativa de responder a essas perguntas mais básicas.

linha do tempo

Século VII a.C.	c. 375 a.C.	1651
Giges toma o trono da Lídia.	Platão rejeita a ideia de que a moralidade é socialmente construída.	O *Leviatã*, de Thomas Hobbes, defende que a moralidade é ur questão de convenção social.

De Gláucon a Hobbes   A visão defendida por Gláucon é de que a moralidade é uma questão de convenção, essencialmente. É como se todos tivessem concordado (de maneira tácita) em cumprir as regras – evitar transgressões, obedecer às leis estabelecidas pela sociedade –, porque essa é a única forma pela qual as pessoas, coletivamente, podem se preservar. A motivação primária é o egoísmo: as pessoas agem de modo egoísta, mas acontece que a melhor forma de servir ao seu maior interesse – a sobrevivência – é abrir mão de seus mais restritos interesses pessoais. A moralidade é uma espécie de trégua, relutantemente anunciada e ainda mais relutantemente observada por medo das consequências de seu rompimento.

Cerca de dois mil anos depois, o filósofo inglês Thomas Hobbes, escrevendo na sombria esteira da Guerra Civil Inglesa, chega a uma conclusão surpreendentemente semelhante. Ele também assume que os humanos são egoístas em essência, preocupados apenas em preservar a própria segurança e aumentar o próprio prazer. Naturalmente, porém, em um estado de conflito e competição, todos são mais bem servidos pela cooperação, pois só assim podem escapar de uma condição de guerra e de uma vida que é "solitária, pobre, desagradável, brutal e curta". E alcançam isso concordando com um contrato social tácito no qual cedem autoridade a "um poder comum para mantê-los todos reverentes" – o poder absoluto do Estado, simbolicamente chamado de Leviatã.

Um apoio adicional para a visão de que a ética é, no sentido mais básico, uma construção social – ou seja, produto de pressões exercidas sobre os indivíduos interagindo socialmente – surgiu dois séculos depois, quando Charles Darwin apresentou sua teoria da evolução pela seleção natural. Darwin faz um grande esforço para demonstrar que o conteúdo da mente humana (incluindo um senso moral), não menos do que a forma do corpo humano, é inteiramente explicável em termos de nossa descendência de outros animais. Ele reuniu uma grande quantidade de evidências indicando que o comportamento cooperativo evoluiu naturalmente entre os animais não humanos inteligentes que vivem em grupos sociais estáveis. Ele argumenta que o desenvolvimento do comportamento moral humano pode ser visto como análogo a esses processos.

De Platão a Rousseau   Do lado oposto à visão de Gláucon, em relação à motivação moral, está o próprio Platão, que fala em *A República* por meio

1762	Década de 1840	1871
Em *O contrato social*, Jean-Jacques Rousseau sugere que a civilização é a causa da corrupção humana.	Karl Marx, com Friedrich Engels, defendem que a moralidade é uma função das condições econômicas.	Charles Darwin sustenta, em *A origem do homem e a seleção sexual*, que a moralidade pode ser explicada em termos evolutivos.

da figura de Sócrates, seu mentor intelectual. Como é típico dos gregos em geral, Platão não contesta a suposição de Gláucon de que os interesses de uma pessoa são cruciais na determinação do que essa pessoa deveria ou não deveria fazer. No entanto, o que ele rejeita é a ideia de que a moralidade é algum tipo de construção social. Na visão de Platão, a virtude, ou excelência moral, depende de um equilíbrio adequado entre as três partes da alma: razão, emoções e apetites. O homem virtuoso – alguém cuja alma está em harmonia – tem controle racional sobre as ambições e paixões terrenas, e assim vive em paz consigo mesmo, fazendo o bem a si e aos outros. Por outro lado, aqueles como Giges, que agem erroneamente, prejudicam a si mesmos e aos outros, pois desse modo são escravizados por seus apetites e vivem com uma alma em discórdia.

Moralidade e luta de classes

Em *A República*, antes do desafio de Gláucon a Sócrates, a cena é ocupada por um sofista chamado Trasímaco. Compartilhando a visão de Gláucon, de que a moralidade é uma questão de convenção social, ele afirma que a justiça – o tema central da grande obra de Platão – não é mais do que a obediência às leis da sociedade; e como elas são invariavelmente concebidas pelo grupo político mais poderoso em seu próprio interesse, a justiça não é "nada além do interesse do mais forte". Assim, o relato de Trasímaco antecipa de forma interessante as ideias do teórico político mais influente do século XIX, Karl Marx. De acordo com sua concepção materialista da história, todas as ideias, incluindo a moralidade, são produto do estágio econômico que a sociedade atingiu; e, em particular, "as ideias da classe dominante são, em todas as épocas, as ideias dominantes". Assim, nas sociedades capitalistas, em que a livre movimentação do trabalho e a expansão dos mercados são essenciais, a liberdade é o valor predominante. Notoriamente, é claro, Marx também ecoa Rousseau ao condenar a propriedade privada como uma das principais causas das doenças da sociedade. Na crise da luta de classes, quando os trabalhadores oprimidos se levantam e destituem a classe burguesa dominante, a transformação será alcançada à medida que o proletariado se apoderar dos meios de produção e abolir a propriedade privada.

De todos os pensadores posteriores, nenhum poderia ser mais distante da perspectiva sombria de Gláucon ou Hobbes do que o suíço Jean-Jacques Rousseau. Enquanto os humanos pré-sociais de Hobbes, em um "estado de natureza", são imaginados vivendo em uma condição de guerra incessante "de todo homem contra todo homem", o estado de natureza de Rousseau é um idílio rural de "nobres selvagens" que vivem juntos em paz, mostrando compaixão instintiva por seus semelhantes. Contentes no "sono da razão", aproveitam a generosidade da natureza para satisfazer suas necessidades simples. É somente quando os indivíduos reivindicam a terra e nasce o conceito de propriedade que a corrupção se instala, levando ao surgimento de leis e costumes restritivos. São a própria civilização e todas as suas influências corruptoras que causam a perda da inocência. Apesar de sua visão edificante, o próprio Rousseau não tinha ilusões quanto a um possível retorno a alguma antiga condição idílica: ele entendia que, uma vez perdida a inocência, as restrições sociais imaginadas por Hobbes estavam fadadas a continuar.

A ideia condensada
Por que ser bom?

08 Intuições morais

Intuições comuns ou compartilhadas desempenham um papel proeminente na filosofia moral. Nossas respostas intuitivas a questões e dilemas éticos são geralmente consideradas instintivas e imediatas, não tendo o apoio do raciocínio consciente nem precisando dele. Assim, elas são frequentemente pensadas para oferecer um insight especial e direto sobre o que é certo e errado – um entendimento pré-filosófico que deve ser seriamente considerado quando o assunto é teorização moral.

Uma razão para os filósofos morais tenderem a ser tão respeitosos com nossas intuições é a preocupação de que, se forem descartadas, eles não teriam muito mais com o que trabalhar. É tentador ver essas respostas ignorantes como a matéria-prima da ética – como a pedra bruta a partir da qual a teoria sólida pode ser construída. Qualquer teoria se baseia, em última análise, em algumas intuições muito básicas sobre o que é certo e errado ou o que é bom. Então, se nos livramos de nossas intuições, o que nos resta além de um ceticismo moral geral?

Muitas vezes assumimos que nossas intuições morais são inatas ou geneticamente determinadas, de algum modo "incorporadas" à nossa natureza como seres humanos. Ou talvez as vejamos como culturalmente formadas – produtos, podemos supor, de forças evolutivas agindo em animais sociais que interagem ao longo de incontáveis gerações. Dada a importância atribuída às intuições morais, é importante compreendê-las melhor – ser crítico em relação ao modo como são usadas e questionar a base de sua autoridade e, portanto, sua confiabilidade.

Intuições na causa da teoria Os filósofos morais tendem a invocar intuições comuns tanto para apoiar as próprias visões quanto para minar as

linha do tempo

1967, 1976
O dilema do bonde é apresentado pela primeira vez por Philippa Foot e, depois, elaborado por Judith Thomson.

2000
Jonathan Haidt e equipe conduzem pesquisa sobre como as pessoas formam julgamentos morais.

dos outros. Uma correspondência próxima entre um princípio ou teoria propostos e alguma intuição amplamente compartilhada é considerada uma valiosa corroboração desse princípio ou teoria; ao mesmo tempo, uma estratégia padrão utilizada para argumentar contra determinada teoria ética é demonstrar que, em certas circunstâncias, ela pode levar a conclusões que se contrapõem a intuições comuns. Por exemplo, uma análise utilitarista pode sugerir que às vezes é moralmente justificado sacrificar uma ou algumas vidas inocentes para salvar muitas. O fato de nossa resposta imediata a esses casos – nossa instintiva "reação espontânea" – poder sugerir o contrário é considerado pelos oponentes como um motivo para rejeitar a teoria.

Nossas intuições sobre questões morais frequentemente entram em conflito, e isso também é visto pelos teóricos como motivo de preocupação. Por exemplo, no muito discutido conjunto de dilemas do bonde (ver página 63), a mesma "contagem de corpos" – cinco vidas salvas à custa de uma perdida – é obtida desviando o bonde para um trilho lateral ou empurrando o homem gordo da ponte. Mas nossas intuições diferem, sugerindo que a primeira é admissível, mas não a segunda. Portanto, os teóricos começaram a procurar por diferenças relevantes, sugerindo, por exemplo, que em um caso (desviando o bonde), o mal causado é apenas previsto, não pretendido, e alegando que essa distinção explica e justifica nossas diferentes respostas intuitivas. No entanto, as respostas em si são geralmente consideradas corretas e mantidas incontestes.

Intuições emocionais e racionais Uma pesquisa recente conduzida nos Estados Unidos sugeriu que a confiança acrítica em nossas respostas intuitivas a situações éticas pode ser equivocada. Joshua Greene, um pesquisador da Universidade Princeton, realizou uma série de experimentos utilizando equipamentos de imagem cerebral para investigar as mudanças fisiológicas que ocorrem no cérebro quando voluntários são confrontados com dilemas éticos, como os dilemas do bonde. Ele descobriu que, em casos como a variante do homem gordo, em que o ato imaginado (empurrar o homem gordo da ponte) é relativamente pessoal e "ativo", as áreas do cérebro associadas às emoções mostram atividade aumentada. Em contraste, em dilemas como no caso do bonde original, em que o ato previsto é relativamente impessoal e "passivo" (puxar uma alavanca para desviar o bonde), as partes do cérebro relacionadas à atividade racional (cognitiva) estavam mais excitadas.

2001
Joshua Greene e colegas apresentam os resultados de sua pesquisa sobre o envolvimento emocional no julgamento moral.

2005
Peter Singer propõe que reconsideremos o papel que as intuições desempenham na ética.

O tabu do incesto

A fim de descobrir como as pessoas chegam a julgamentos morais, o psicólogo Jonathan Haidt pediu a elas que respondessem à seguinte história:

Julie e Mark são irmãos. Estão viajando juntos pela França nas férias de verão da faculdade. Uma noite, eles se veem sozinhos em uma cabana perto da praia. Decidem que seria interessante e divertido se tentassem fazer amor. No mínimo, seria uma nova experiência para cada um deles. Julie já tomava pílulas anticoncepcionais, mas Mark também usa preservativo, só para ficar seguro. Ambos gostaram de fazer amor, mas decidem não repetir a experiência. Guardam aquela noite como um segredo especial entre eles, o que os faz se sentir ainda mais próximos. O que você acha disso? Tudo bem que eles façam amor?

Quase todos os entrevistados foram rápidos em dizer que o que os irmãos fizeram foi errado. Quando questionados sobre o porquê, falaram de razões familiares – o perigo de endogamia, o possível dano psicológico aos irmãos –, embora, na verdade, não se aplicassem ao caso. A partir disso, parece claro que o veredicto moral a que os entrevistados chegaram foi um julgamento precipitado, baseado na resposta intuitiva, e não em qualquer das razões declaradas. Essas justificativas parecem ser uma racionalização de sua intuição, e não a base dela. De forma reveladora, não estavam em geral dispostos a modificar seu julgamento, mesmo depois de terem sido obrigados a retirar as razões alegadas para apoiá-lo.

Greene concluiu que respondemos de modo diferente, em nível emocional, à ideia de empurrar alguém para a morte com as próprias mãos e causar o mesmo resultado por meios mais indiretos ou passivos. O primeiro provoca uma resposta emocional negativa imediata e forte ("isso é errado!"), e o último, uma resposta menos visceral e mais racional ("eu deveria fazer qualquer coisa para minimizar o dano"). Essa interpretação é apoiada pela observação adicional de que a minoria de voluntários que achava certo empurrar o homem gordo da ponte levou mais tempo para chegar a um julgamento, como se racionalizasse e finalmente vencesse uma aversão inicial a cometer esse ato.

> **As convicções morais de pessoas eruditas e bem-educadas são os dados da ética, assim como as percepções sensoriais são os dados das ciências naturais.**
>
> Sir David Ross,
> *The Right and the Good*
> [O certo e o bom], 1930.

Guias pouco confiáveis? Parcialmente com base no trabalho de Greene, o filósofo australiano Peter Singer, um dos principais utilitaristas, argumenta que precisamos reavaliar o papel das intuições morais na ética. Algumas de nossas intuições, ao que parece, são essencialmente respostas emocionais, e não racionais – um fato explicável em termos de nossa história evolutiva e cultural, mas que significa que elas não têm autoridade particular para nos guiar em questões éticas. Embora reconhecendo a dificuldade da tarefa, Singer recomenda que tentemos discriminar entre nossas diferentes respostas intuitivas, confiando apenas naquelas que são racionalmente baseadas. Um passo útil, de qualquer forma, seria uma conscientização mais ampla das limitações de nossas intuições morais e uma maior disposição para questionar sua confiabilidade.

A ideia condensada
Intuições – A matéria-prima da ética?

09 A regra de ouro

O princípio ético conhecido como a regra de ouro é captado na máxima "faça aos outros o que gostaria que eles fizessem a você". Embora o ditado em si pareça não ter sido usado antes do século XVIII, a ideia subjacente – ou o grupo de ideias – é muito antiga. Aparece, de uma forma ou de outra, em quase todos os códigos ou sistemas éticos, tanto religiosos quanto seculares, e supõe-se, portanto, recorrer a uma de nossas intuições ou instintos morais mais fundamentais.

A regra de ouro é frequentemente associada ao cristianismo. Citada às vezes como a síntese da ética de Jesus, ela figura no Sermão da Montanha e está ligada a vários aspectos centrais do ensino cristão, como o mandamento de amar os inimigos e amar o próximo como a si mesmo. No entanto, a regra também é proeminente em escritos judaicos e islâmicos, enquanto variações dela ocorrem em antigos textos gregos e romanos e nos ensinamentos de sábios orientais como Confúcio.

Grande parte do fascínio da regra de ouro está em sua absoluta generalidade, o que explica por que ela tem sido tão ampla e diversamente interpretada e aplicada. De acordo com o gosto e a necessidade particulares, suas facetas dominantes incluem a reciprocidade, a imparcialidade e a universalidade. Ao mesmo tempo, a simplicidade da regra a expõe à crítica de que pouca orientação prática substancial pode ser obtida com sua adoção.

Uma mão lava a outra... Uma razão para o apelo arraigado da regra de ouro é seu endosso da ética de reciprocidade. A grande importância da retribuição de um favor ou benefício recebido, encontrada em praticamente todas as sociedades humanas, levou muitas vezes à obrigação de se ritualizar. Entre os gregos micênicos do mundo homérico, por exemplo, a doação

linha do tempo

c. 1550-1200 a.C.	c. 500 a.C.	c. 30 d.C.	1706
A civilização micênica se une em torno de uma ética de reciprocidade.	O pensamento ético de Confúcio se fundamenta nas ideias de reciprocidade e na regra de ouro.	O Sermão da Montanha de Jesus concede um lugar central à regra de ouro.	Samuel Clarke elabor regra de ouro em seu princípio de equidade

e o recebimento de presentes eram os elementos essenciais nos rituais de hospitalidade que uniam laços de amizade e lealdade e, assim, fomentavam a coesão social. O sábio chinês Confúcio, convidado a dar uma única palavra que servisse como guia ao longo da vida, teria respondido: "Talvez a palavra reciprocidade? O que você não deseja que seja feito a si mesmo, não faça aos outros".

As razões para que a reciprocidade se tornasse uma norma quase universal são fáceis de se adivinhar. Lavar uma única mão é mais estranho e menos eficaz do que conseguir que outra mão faça isso por você, então entrar em um acordo recíproco deixa as duas partes em melhor situação. É claro que há o perigo de que o "lavador" inicial engane, buscando uma vantagem de curto prazo ao renegar o acordo. Construir uma ética de reciprocidade, apoiada por sanções sociais contra os não recíprocos, visa desestimular esse comportamento egoísta. Essa ética está contida na regra de ouro.

> **Assim como você deseja levantar-se, ajude os outros a fazê-lo; assim como você deseja sucesso, ajude os outros a alcançá-lo.**
>
> Confúcio,
> c. 500 a.C.

Imparcialidade e consistência A ideia de que é preciso tratar os outros como desejamos ser tratados pode sugerir que você deve dar peso igual aos seus desejos ou interesses e, portanto, que deve se comportar com imparcialidade em relação a eles. Mas, na verdade, isso é mais do que a regra de ouro requer formalmente. A regra não exige que você faça aos outros o que *eles* querem que seja feito, apenas que trate os outros como *você* quer ser tratado, então eles só serão tratados como quiserem se compartilharem seus desejos. O máximo que parece ser exigido aqui é que você demonstre consistência em seu comportamento, não imparcialidade. Um egoísta que deseja perseguir o próprio interesse segue a regra e age consistentemente em recomendar que os outros façam o mesmo; o masoquista que deseja que outros lhe inflijam dor segue a regra e age consistentemente ao infligir dor aos outros – quer gostem ou não. A regra de ouro, por si só, não produz necessariamente conclusões morais substantivas.

1782
A regra de ouro aparece no *Diálogo entre um padre e um moribundo*, do Marquês de Sade.

1785
Immanuel Kant define o imperativo categórico em sua *Fundamentação da metafísica dos costumes*.

1863
John Stuart Mill reivindica a regra de ouro para o utilitarismo.

1952
A linguagem da moral, de R. M. Hare, desenvolve a ideia de universalização.

> ### Filósofos sobre a regra de ouro
>
> O apelo da regra de ouro é tão geral que é fácil encontrar seus sinais, mais ou menos explícitos, nas obras da maioria dos filósofos morais. Um exemplo claro é o intuicionista inglês Samuel Clarke, que elaborou a regra em seu "princípio de equidade": "O que quer que eu julgue sensato ou insensato que outro faça por mim, que pelo mesmo julgamento eu declare sensato ou insensato que eu, no mesmo caso, faça por ele". Kant declarou que a regra de ouro era trivial demais para se qualificar como uma lei universal, ainda que sua impressão seja clara no princípio fundamental – o chamado imperativo categórico – que sustenta seu sistema ético: "Aja apenas de acordo com uma máxima que você ao mesmo tempo possa desejar que se torne uma lei universal". O filósofo vitoriano John Stuart Mill reivindicou a regra de ouro para o utilitarismo, afirmando que, "na regra de ouro de Jesus de Nazaré, lemos o completo espírito da ética da utilidade". Um exemplo recente é o prescritivista R. M. Hare, cuja noção de universalização, que exige que qualquer julgamento moral seja aplicado imparcialmente a todos os casos similares relevantes, é uma elaboração da regra de ouro.

É esse aspecto da regra de ouro – o impulso para a consistência – que explica por que achamos a hipocrisia detestável. O descompasso entre o que as pessoas fazem e o que recomendam que os outros façam – aquelas que não praticam o que pregam, como o político adúltero que pontifica os "valores familiares" – é censurável porque é (entre outras coisas) inconsistente.

> **"Tudo o que quereis que os homens vos façam, fazei-o vós a eles. Esta é a lei e os profetas."**
>
> **Jesus,**
> **Sermão da Montanha, c. 30 d.C.**

Ouro manchado Então, a regra de ouro não é uma panaceia moral. Sua ambiguidade tem permitido que as pessoas leiam nela o que desejam encontrar e façam pesadas afirmações que dificilmente podem suportar. Mais regra prática do que regra de ouro, ela tem, no entanto, um lugar nas bases de nosso pensamento ético: um antídoto útil, pelo menos, para o tipo de miopia moral que muitas vezes aflige as pessoas quando seus próprios interesses estão em jogo.

> **Toda a moralidade humana está contida nestas palavras: faça os outros tão felizes quanto você mesmo gostaria de ser, e nunca os sirva de maneira inferior à que você mesmo seria servido.**
>
> Marquês de Sade,
> libertino francês, 1782.

A ideia condensada
Faça aos outros o que gostaria que eles fizessem a você

10 O princípio do dano

Em 1776, a Declaração de Independência dos Estados Unidos consagrou a liberdade, juntamente com a vida e a busca da felicidade, como uma trindade de direitos naturais e inalienáveis concedida a todos os humanos igualmente. "Dê-me liberdade ou dê-me a morte!", declarou o revolucionário americano Patrick Henry no ano anterior. Desde então, a liberdade é amplamente considerada o mais básico dos direitos humanos: um ideal pelo qual vale a pena lutar e, se necessário, morrer; seu valor inestimável é uma medida das muitas batalhas amargas que foram travadas para conquistá-la.

Pelo status sagrado da liberdade, pode parecer que ela não deve de forma alguma ser qualificada ou limitada. No entanto, é necessário apenas um instante para ver que a liberdade nunca pode ser ilimitada ou absoluta. Como o historiador inglês R. H. Tawney observou, "a liberdade para o lúcio é a morte dos vairões". Ao exercer minha liberdade de cantar em voz alta no banho, nego a você a liberdade de desfrutar de uma noite tranquila. Ninguém pode fruir de liberdade – ou licença – irrestrita sem invadir a liberdade dos outros. A questão, então, é como e onde devemos traçar o limite.

De uma perspectiva liberal, a resposta padrão a essa questão é dada no assim chamado princípio do dano (ou da liberdade), que estipula que a sociedade deve liberar os indivíduos para agir da forma que bem entenderem desde que não prejudiquem os interesses dos outros. Essa ideia aparece na *Declaração dos Direitos do Homem e do Cidadão*, o documento que afirmava audaciosamente os "direitos naturais e imprescritíveis do homem" no início da Revolução Francesa, em 1789:

linha do tempo

Julho de 1776	Agosto de 1789	1795
A Declaração de Independência dos Estados Unidos proclama "vida, liberdade e a busca da felicidade".	O princípio do dano (que não era chamado assim) aparece na *Declaração dos Direitos do Homem e do Cidadão*, na França.	Thomas Paine adverte que a liberdade depende de justiça todos.

A liberdade consiste na autonomia para fazer tudo que não prejudica mais ninguém; portanto, o exercício dos direitos naturais de cada homem não tem limites, exceto aqueles que asseguram aos outros membros da sociedade o gozo dos mesmos direitos.

O princípio é mais conhecido, no entanto, na forma estabelecida em *Sobre a liberdade* (1859) pelo filósofo vitoriano John Stuart Mill:

> O único propósito para o qual o poder pode ser legitimamente exercido sobre qualquer membro de uma comunidade civilizada, contra sua vontade, é evitar danos a outros. Seu próprio bem, seja físico ou moral, não é uma justificativa suficiente.

Berlin e a liberdade negativa   A forma de liberdade criada pela aplicação do princípio do dano é depois caracterizada como "liberdade negativa" pelo filósofo Isaiah Berlin, em seu famoso ensaio *Dois conceitos de liberdade* (1958). Essa liberdade é negativa na medida em que é definida pelo que está ausente – qualquer forma de restrição externa ou coerção; você é livre nesse sentido, desde que não haja obstáculo impedindo-o de fazer o que deseja fazer.

A visão de Berlin é de que deveria haver uma área de liberdade privada sacrossanta e imune à interferência e à autoridade externas, um espaço que permitisse à pessoa "fazer ou ser o que ela pode fazer ou ser". É dentro desse espaço que os indivíduos devem poder satisfazer seus gostos e inclinações pessoais sem obstáculos, desde que não prejudiquem os outros nem os impeçam de desfrutar de uma liberdade semelhante. Assim, o princípio do dano está intimamente ligado a outro grande pilar do liberalismo: a tolerância.

> **"Liberdade significa poder cantar alto no meu chuveiro desde que não interfira na liberdade do meu vizinho de cantar uma música diferente no dele."**
>
> Tom Stoppard,
> dramaturgo britânico, 2002.

Do paternalismo à tirania   Os críticos do princípio do dano podem se concentrar na inadequação prática da liberdade que ele protege. Talvez seja verdade que qualquer cidadão dos Estados Unidos é livre (no sentido nega-

1859
Sobre a liberdade, de John Stuart Mill, apresenta o relato clássico do princípio do dano.

1958
Dois conceitos de liberdade, de Isaiah Berlin, define liberdade negativa e liberdade positiva.

2001
George W. Bush declara guerra ao terror.

tivo) para se tornar presidente – não há limite jurídico ou constitucional para isso; mas ele é *verdadeiramente* livre se a falta dos recursos necessários, em termos de dinheiro, status social, educação ou capacidade, torna esse evento uma impossibilidade prática? Nesse caso, parece que as pessoas não têm a liberdade substantiva para exercer os direitos que detêm formalmente. O que falta aqui é o que Berlin chama de "liberdade positiva" – não apenas *liberdade em relação a* interferências externas, mas uma ativa *liberdade para* atingir certos fins: uma forma de empoderamento que permite aos indivíduos realizar seu potencial, concretizar seus sonhos, agir de forma autônoma e controlar seu destino.

> "Aqueles que sempre valorizaram a liberdade por si mesma acreditavam que ser livre para escolher, e não para ser escolhido, é o ingrediente inalienável que faz os humanos serem humanos."
>
> Isaiah Berlin, *Five Essays on Liberty* [Cinco ensaios sobre a liberdade], 1969.

Para aqueles que apoiam o princípio do dano, incluindo Berlin, o caso se baseia, em parte, em observar o que surge quando essa ideia não é aplicada – um tipo de paternalismo em que as pessoas se encarregam de promover (o que supõem ser) a liberdade positiva na vida dos outros. Talvez com muito boas intenções, as pessoas são rápidas em concluir que há um caminho certo que os outros seguiriam se fossem mais espertos – se apenas o seu "melhor lado" prevalecesse, ou, talvez, se o seu pior lado fosse suprimido. A partir daí, como Berlin pesarosamente observa, é um passo curto para que aqueles que detêm a autoridade assumam o direito de "ignorar os desejos reais de homens ou sociedades e intimidem, oprimam, torturem em nome, e no interesse, dos 'verdadeiros' eus [das pessoas]".

Em casos extremos, o que começa como reforma social pode se transformar em fanatismo, justificando, ao que parece, o tipo de tirania que, na busca dos objetivos de uma sociedade, insiste na conformidade e desumaniza seus cidadãos no processo. Curiosamente, a profunda desconfiança de Berlin em relação à liberdade positiva foi alimentada em grande parte pelas atrocidades do século XX, especialmente os horrores totalitários da União Soviética de Stalin. "Todas as formas de manipulação com seres humanos", conclui Berlin, "persuadindo-os, moldando-os contra sua vontade em favor do seu próprio padrão, todo controle de pensamento e condicionamento são, portanto, uma negação daquilo que nos homens os torna homens e de seus principais valores."

Liberdade sacrificada no altar da segurança

Então, que tipos de dano são motivos suficientes para restringir a liberdade? Um dos mais controversos é a ameaça à segurança nacional. O radical Thomas Paine escreveu, em 1795, "aquele que quiser assegurar a própria liberdade deve proteger até mesmo o inimigo da opressão", mas poucos desde então tomaram conhecimento de suas palavras. A desculpa dos revolucionários franceses para varrer as liberdades civis eram o perigo da contrarrevolução interna e a ameaça externa de exércitos estrangeiros. Infelizmente, os governos subsequentes, apesar das alegações de amar a liberdade, tenderam a copiar o modelo francês, esquecendo o aviso do quarto presidente dos Estados Unidos, James Madison: "Os meios de defesa contra o perigo estrangeiro historicamente se tornaram os instrumentos de tirania interna". Em setembro de 2001, na esteira dos atentados islâmicos de 11 de Setembro, o presidente George W. Bush declarou guerra ao terror – "a luta da civilização [...] a luta de todos que acreditam no progresso e no pluralismo, na tolerância e na liberdade". A guerra deveria inaugurar uma "era de liberdade", mas nos anos seguintes suas baixas incluíram muitas liberdades civis e direitos humanos.

A ideia condensada
Estabelecendo os limites da liberdade

11 Fins e meios

Um oficial da Gestapo encurrala cinco crianças e ameaça matá-las a menos que você indique um espião fugitivo e atire nele. Acontece que você não sabia que havia um espião, muito menos sua identidade, mas tem certeza de que o oficial não acreditará em você se alegar ignorância e que ele irá concretizar a ameaça. Então: você conta a verdade e deixa cinco crianças inocentes morrerem? Ou conta uma mentira, indicando e matando uma pessoa inocente para salvar as cinco?

As pessoas têm visões diferentes sobre dilemas como esse. Algumas (talvez principalmente teóricos morais) acham que é sempre errado mentir, então você deve contar a verdade nessas circunstâncias, mesmo que o oficial não acredite em você e que cinco crianças sejam mortas. Outros acham que importa muito o fato de ser você quem está atirando: é um dever absoluto não matar pessoas, então você deve se recusar a fazê-lo, não importa o que aconteça. Outros ainda acham que é simplesmente errado fazer alguma coisa (quer dizer, fazer alguma coisa *ativamente*) que você sabe que causará a morte de uma pessoa inocente – é um preço muito alto a pagar. O que essas várias abordagens têm em comum é que dão prioridade a uma ideia de dever: a noção de que há certo tipo de coisa, como dizer a verdade, que devemos fazer simplesmente porque é o correto; e certo tipo de coisa, como a mentira, que devemos evitar porque é totalmente errado.

Por outro lado, há teóricos morais (assim como pessoas comuns) que não acham que nossas ações e decisões são certas ou erradas em si mesmas. São os diferentes resultados do que decidimos fazer que realmente importam. Assim, para avaliar se uma ação é certa ou errada, não precisamos considerar que *tipo* de ação está sendo executada; em vez disso, temos de olhar para as consequências que ela acarreta. No caso da Gestapo, um curso de ação leva à morte de cinco crianças inocentes, e o outro conduz à morte de uma pessoa inocente. Com tudo o mais sendo constante, uma morte é

linha do tempo

c. 350 a.C.
A ética de Aristóteles se concentra no caráter do agente moral.

1785
Immanuel Kant analisa o dever em *Fundamentação da metafísica dos costumes*.

Tom bisbilhoteiro

Tom se diverte espionando uma mulher através da janela do quarto dela, secretamente tirando fotos enquanto ela se despe. Ele nunca é flagrado, ela nunca descobre, e ele só usa as fotos para seu próprio prazer. Se você considerar apenas as consequências do que Tom faz, parece que suas ações levam a um ganho efetivo no bem-estar geral (seu prazer é aumentado e ninguém mais é afetado) e, portanto – para o consequencialista –, elas devem ser consideradas moralmente aceitáveis. No entanto, o instinto da maioria das pessoas lhes diz o contrário. Ao satisfazer seus desejos voyeuristas, Tom infringe os direitos da mulher – em particular, seu direito à privacidade. O ponto principal dos direitos é restringir as formas pelas quais as pessoas podem ser (mal) tratadas, e quaisquer consequências supostamente desejáveis que resultem de desprezá-las são impertinentes. Portanto, em matéria de direitos, uma compreensão de moralidade baseada no dever parece se adequar mais confortavelmente a nossas intuições comuns do que uma abordagem consequencialista.

melhor do que cinco, então a coisa certa a fazer é sacrificar uma vida para salvar muitas.

Os fins justificam os meios? Uma forma de destacar o contraste entre essas diferentes abordagens é em termos de fins e meios. Para quem olha para as consequências de uma ação a fim de determinar se é certa ou errada – um consequencialista –, uma ação tem apenas valor instrumental, como um meio para algum fim desejável; sua correção ou incorreção é uma medida do quanto é eficaz para chegar a esse objetivo. É o fim em si – um estado de coisas, uma condição de bem-estar geral ou felicidade, por exemplo – que realmente importa. Então, ao escolher entre vários cursos de ação disponíveis, o consequencialista ponderará os bons e os maus resultados em cada caso e chegará a uma decisão nessa base.

Por outro lado, em um sistema baseado no dever, as ações não são vistas apenas como meios para um fim, mas como certas ou erradas em si mesmas; têm valor intrínseco, não só valor instrumental ao contribuir para um fim desejável. Olhando para uma questão moral a partir dessa perspectiva, al-

Final do século XVIII	1861	1958
Jeremy Bentham lança as bases do utilitarismo clássico.	O ensaio *Utilitarismo*, de John Stuart Mill, defende e elabora a teoria de Bentham.	A ética da virtude moderna é desenvolvida por Elizabeth Anscombe e outros.

guém pode considerar que o ato de matar é, digamos, intrinsecamente errado e não pode ser justificado por quaisquer boas consequências que se ateste provir dele.

> ### Experimentos mentais
>
> Os filósofos morais usam com frequência experimentos mentais, como a história da Gestapo ou o caso do *voyeur*, porque um cenário imaginário pode (assim se espera) excluir detalhes irrelevantes e, portanto, isolar as respostas ou intuições particulares evocadas por princípios ou outras ideias sob avaliação. No entanto, as implicações dessas experiências podem ser prontamente aplicadas a situações do mundo real, incluindo questões de vida e morte. Na vida real, os indivíduos às vezes se encontram em situações em que é necessário priorizar algumas vidas em detrimento de outras. Os políticos, por exemplo, são obrigados a tomar decisões que causam (ou contribuem para, ou não previnem) a morte de pessoas inocentes – decisões sobre o uso do dinheiro público e prioridades no serviço de saúde, sobre o uso de forças militares, sobre a alocação de recursos de bem-estar social. Diferentes abordagens para essas questões são determinadas por todo tipo de influências (culturais, religiosas, filosóficas, entre outras) e provavelmente redundam em decisões muito distintas e, portanto, em resultados bem diferentes – resultados nos quais a alguns é, de fato, permitido viver, enquanto outros são condenados a morrer.

Dever *versus* consequências A separação de sistemas éticos entre aqueles baseados no dever (deontológicos) e os baseados nas consequências (consequencialistas) é muito simples. Para começar, mesmo dentro dos limites da tradição filosófica ocidental, há outras abordagens que não veem a moralidade em termos de ação certa e errada, mas se concentram no caráter de agentes morais, não perguntando que tipo de coisas devemos fazer, mas que espécie de pessoas devemos ser. Essa abordagem remonta a Aristóteles e foi revivida ao longo do século passado disfarçada de ética da virtude contemporânea (ver capítulo 20).

> **"O fim pode justificar os meios desde que haja alguma coisa que justifique o fim."**
>
> Leon Trótski,
> revolucionário e teórico marxista, 1936.

Seja como for, durante a maior parte dos últimos quatrocentos anos, os filósofos morais têm considerado sua tarefa primordial descobrir e explicar os princípios e regras que influenciam e orientam (ou que devem influenciar e orientar) nosso comportamento. E, nessa tarefa, as principais polaridades do debate têm sido dever e consequências, com o sistema deontológico de Immanuel Kant mostrando o caminho em um extremo e o utilitarismo consequencialista de Jeremy Bentham e John Stuart Mill apontando-o no outro (ver capítulos 12 e 13).

A ideia condensada
A ética do dever e das consequências

12 Utilitarismo

Um cirurgião de transplantes se encontra na estressante posição de ter quatro pacientes, todos prestes a morrer por falta de órgãos adequados (um fígado, um coração e dois rins). Por acaso, um estudante saudável, fazendo estágio com o cirurgião, é um doador perfeito para todos os órgãos necessários. O cirurgião seda o estudante, remove os órgãos e realiza as operações, salvando assim quatro pacientes.

Muitos dos filósofos de hoje argumentam que a moralidade deve ser baseada em fundamentos consequencialistas: a questão de se nossas ações são certas ou erradas deve ser decidida considerando as consequências dessas ações. O utilitarismo, a mais influente das teorias consequencialistas, é a visão mais específica de que as ações devem ser julgadas certas ou erradas à medida que aumentam ou diminuem o bem-estar geral ou a "utilidade".

Diante disso, o cenário do transplante parece resultar em um ganho efetivo no bem-estar humano. Assumindo que todas as partes envolvidas estão igualmente contentes com a vida, têm perspectivas semelhantes de felicidade e assim por diante, quatro valiosas vidas foram preservadas ao custo de uma vida. Assim, em bases utilitaristas, parece que o cirurgião fez a coisa certa. No entanto, quase todos concordariam que seu comportamento é indefensável. Diante disso, uma teoria ética que produz conclusões que se contrapõem às intuições de praticamente todos parece ser uma teoria ruim. Então, o que exatamente é o utilitarismo e como ele lida com cenários como esse?

Utilitarismo clássico   As raízes do utilitarismo remontam ao trabalho do filósofo radical Jeremy Bentham no final do século XVIII. Para ele, a utilidade se encontra unicamente no prazer ou na felicidade humana, e sua teoria é às vezes resumida como a promoção da "maior felicidade do maior número de pessoas". Um dos principais atrativos do utilitarismo, em sua opinião, era que ele oferecia a promessa de uma base científica e racional

linha do tempo

Século XVIII	1861
Jeremy Bentham lança as bases do utilitarismo clássico.	O ensaio *Utilitarismo*, de John Stuart Mill, defende e elabora a teoria de Bentham.

sobre a qual as políticas relativas à estrutura legal e à organização da sociedade poderiam ser fundadas. Para esse fim, ele propôs um "cálculo felicífico", segundo o qual as diferentes quantidades de prazer e dor produzidas pelas diversas ações poderiam ser medidas e comparadas; a ação certa em uma dada ocasião poderia, então, ser determinada por um processo (supostamente) simples de adição e subtração.

"Melhor ser Sócrates insatisfeito" Os críticos foram rápidos em apontar quão estreita era a concepção de moralidade que Bentham havia criado. Ao supor que a vida não tinha um fim maior do que o prazer, ele parecia ter desprezado todas as outras coisas que em geral consideramos inerentemente valiosas, como conhecimento, amor, honra, realização e a própria vida. Como disse John Stuart Mill, seu colega utilitarista mais jovem e contemporâneo, Bentham produziu "uma doutrina digna apenas de suínos".

Mill estava preocupado com essa crítica e, por isso, buscou modificar o utilitarismo. Enquanto Bentham havia permitido apenas duas variáveis na medição do prazer – duração e intensidade –, Mill introduziu uma terceira qualidade, criando então uma hierarquia de "prazeres superiores e inferiores". De acordo com essa distinção, alguns prazeres, como os do intelecto e das artes, são por natureza mais valiosos do que os físicos básicos, e, dando-lhes maior peso no cálculo do prazer, Mill concluiu que era "melhor ser um humano insatisfeito do que um porco satisfeito; melhor ser Sócrates insatisfeito do que um tolo satisfeito".

> **"A natureza colocou a humanidade sob o governo de dois senhores soberanos: dor e prazer. Só eles podem apontar o que devemos fazer."**
>
> Jeremy Bentham,
> *Uma introdução aos princípios da moral e da legislação,* 1789.

O custo da complexidade A introdução de um complexo conceito de prazer por Mill foi realizada com algum custo. Sua ideia de diferentes tipos de prazer parece exigir algum critério além do prazer para distingui-los. Se algo diferente de prazer é um componente da ideia de utilidade de Mill, o fato de sua teoria permanecer estritamente utilitária é questionável.

Conseguir uma resposta mais intuitiva para o caso do cirurgião de transplantes também exige uma arguição especial. Talvez um utilitarista clássico pu-

---

Década de 1970

Peter Singer e outros propõem que a satisfação de desejos ou preferências é a medida adequada de utilidade.

1974

A máquina de experiências de Robert Nozick ameaça a afirmação de que o prazer sozinho é intrinsecamente bom.

desse argumentar que sacrificar um estudante para salvar quatro pacientes representa, na verdade, uma *perda* efetiva de utilidade: a erosão da confiança entre pacientes e médicos provocada por estes últimos, se habitualmente se comportassem dessa forma, causaria mais dano do que benefício no longo prazo. Mas, no fim, os utilitaristas têm de aguentar o tranco e admitir que, se ficar claro que nenhuma dessas coisas ruins acontecerá e que sem dúvida haverá um ganho efetivo em utilidade, o cirurgião deve seguir em frente e destrinchar o aluno.

Utilitaristas de regra e de ato Essas dificuldades se refletem em uma significativa divisão que ocorreu na teoria de Bentham e Mill sobre a forma precisa pela qual o padrão utilitário deve ser aplicado às ações. Os chamados utilitaristas de "ato" exigem que cada ação seja avaliada diretamente em termos de sua contribuição individual à utilidade; por outro lado, os utilitaristas de "regra" determinam um curso de ação adequado com referência a vários conjuntos de regras que, se geralmente seguidas, promovem a utilidade. Por exemplo, matar pessoas inocentes como regra diminui a utilidade, mesmo que possa parecer ter consequências benéficas a curto prazo; então, destrinchar o estudante, no fim, acaba se mostrando errado.

Aplicar regras dessa forma também ajuda a superar a objeção de que o utilitarismo é simplesmente impraticável. Se temos de fazer uma auditoria precisa da utilidade que resulta de cada curso de ação possível antes de fazermos qualquer coisa, acabaremos fazendo nada – e isso de modo geral não será o correto. Mas se aplicarmos princípios que são conhecidos, como uma regra, para promover o bem-estar geral, normalmente agiremos corretamente. Por experiência passada, podemos saber que a utilidade geral é diminuída, por exemplo, ao se mentir e roubar, e que, portanto, não devemos ceder à mentira e ao roubo.

As regras podem ser úteis nesses casos, mas e se for óbvio que quebrar uma regra aumentará o bem-estar geral? E se contar uma mentira inofensiva, por

---

A máquina de experiências

Imagine uma "máquina de experiências" que simula uma vida em que todos os seus sonhos e ambições mais valiosos são realizados. Uma vez conectado à máquina, você não terá ideia de que está interligado e achará que é tudo real. "Você se conectaria?", pergunta o filósofo americano Robert Nozick: Trocaria uma vida real de frustração e decepção inevitáveis por uma existência virtual de puro prazer e sucesso? Apesar de seus atrativos óbvios, a maioria das pessoas, supõe Nozick, rejeitaria a oferta. A realidade da vida, sua autenticidade, é importante para nós: queremos fazer certas coisas, não só experimentar o prazer de fazê-las. No entanto, se o prazer fosse a única coisa que importa, certamente todos nós nos conectaríamos alegremente. Então deve haver coisas além do prazer que consideramos intrinsecamente valiosas. Mas, se é assim, alguma coisa deve estar errada com o utilitarismo, pelo menos em sua formulação hedonística clássica (baseada no prazer).

exemplo, salvará vidas inocentes? Nenhuma das opções disponíveis ao utilitarista de regra é muito atraente. Ele pode se agarrar à regra de mentir e conscientemente provocar consequências ruins; ou pode quebrar a regra e minar seu status como utilitarista de regra. A única alternativa, ao que parece, é modificar a regra nesse caso, mas regras adaptadas para se adequarem a uma situação particular não são realmente regras. Estão fadadas a se tornar cada vez mais complexas e qualificadas, a ponto de um sistema baseado em regra se desmantelar em um baseado em ato.

O utilitarismo permanece como uma abordagem altamente influente para a ética. Muitos filósofos, atraídos por seus méritos diretos, continuam a esculpi-lo, na esperança de suavizar suas arestas mais agudas. Mas é justo dizer que essas arestas teimosamente permanecem, e seus muitos críticos seguem sugerindo que toda a empreitada foi, desde o início, equivocada.

A ideia condensada
O princípio da maior felicidade

13 Ética kantiana

Você está abrigando um dissidente político a quem o regime de um governo repressivo prometeu perseguir e executar. A polícia secreta bate em sua porta e pergunta se você sabe do paradeiro do dissidente. Não há dúvida de que, se contar a eles, seu protegido será preso e fuzilado. O que você deveria fazer? Dizer a verdade ou contar uma mentira?

A pergunta dificilmente parece digna de ser feita. É claro que você deve mentir – uma mentira muito inofensiva, você pode pensar, dadas as terríveis consequências de dizer a verdade. Mas não pareceu tão simples para todos os teóricos morais, pelo menos não para o pensador alemão do século XVIII Immanuel Kant, um dos filósofos mais influentes dos últimos trezentos anos. De acordo com ele, dizer a verdade é um dever absoluto e incondicional: mentir contraria um princípio fundamental de moralidade – o que ele chama de "imperativo categórico".

Imperativos hipotéticos e categóricos Kant explica o que é um imperativo categórico, primeiro, contrastando-o ao imperativo *hipotético* – um estímulo não moral ao qual você deve responder se quiser alcançar algum outro fim. Suponha que eu lhe diga o que fazer, emitindo uma ordem (um imperativo): "Pare de fumar!". Implicitamente, há uma série de condições que posso adicionar a esse comando – "Se você não quer arriscar sua saúde", por exemplo, ou "Se você não quer desperdiçar seu dinheiro". É claro que, se você não se importa com sua saúde ou seu dinheiro, a ordem não tem peso e você não precisa cumpri-la.

No caso de um imperativo categórico, pelo contrário, não há adicionais, implícitos ou não. "Não minta!" e "Não mate pessoas!" são injunções não conjecturadas com base em qualquer objetivo ou desejo que se possa ter ou não ter; devem ser seguidas por uma questão de dever, incondicionalmente e sem exceção. De fato, segundo Kant, são apenas ações executadas a partir de um senso de dever que tem valor moral. As ações incentivadas

linha do tempo

Séculos XIII-IV a.C.
Deus entrega os Dez Mandamentos a Moisés no monte Sinai.

1775-1783
O sistema de direitos e deveres é estabelecido nos Estados Unidos pela Revolução Americana.

por alguma motivação externa – o desejo de ajudar um amigo, por exemplo, ou de atingir um objetivo específico – não são ações distintamente morais. Em contraste com os imperativos hipotéticos, os imperativos categóricos constituem leis morais.

Máximas universais Kant acredita que sob cada ação há uma regra de conduta subjacente, ou máxima. Essas máximas podem ter a *forma* de imperativos categóricos, mas não se qualificam como leis morais a menos que passem no teste de universalidade, que é em si uma forma suprema de imperativo categórico:

> Aja apenas conforme uma máxima que, ao mesmo tempo, queiras ver transformada em uma lei universal.

Esse teste garante que uma ação é moralmente permissível apenas se estiver de acordo com uma regra que você possa, de forma consistente e universal, aplicar a si mesmo e aos outros. Por exemplo, para testar se a mentira se qualifica como uma lei universal, podemos supor uma máxima como "minta sempre que quiser". O que acontece quando esse princípio é universalizado? Ora, mentir só é possível em um contexto em que a expectativa geral é de que as pessoas estão dizendo a verdade. Mas se *todos* mentissem o tempo inteiro, ninguém confiaria em ninguém, e mentir seria impossível. A ideia de mentir como lei universal é, então, incoerente e contraproducente. Da mesma forma, roubar pressupõe uma cultura de propriedade, mas o conceito

Dilemas morais

A questão de se a mentira é moralmente inaceitável, não importam as consequências, foi colocada por Kant durante sua vida, e ele permaneceu inflexivelmente fiel a suas armas categóricas, insistindo que é sem dúvida um dever moral ser sincero em todas as ocasiões, mesmo para um assassino. Mas, na verdade, a situação não é tão simples quanto parece. Pois não é inevitável que imperativos categóricos entrem em conflito? "Ajudar pessoas inocentes a evitar execuções arbitrárias" parece um bom candidato a imperativo categórico: poderíamos com certeza desejar que fosse uma máxima universal. E se é uma lei moral, ela entra em conflito – no caso de nosso dissidente político fictício – com o dever absoluto de não mentir. Estamos diante de um dilema moral em que não temos escolha a não ser violar um ou outro dos que parecem ser imperativos categóricos. A inquietação com um sistema ético que aparentemente resulta em deveres que são absolutos e contraditórios encorajou alguns a adotar uma abordagem mais flexível e menos definitiva em relação à ideia de dever (ver capítulo 14).

1785
Immanuel Kant analisa o dever em *Fundamentação da metafísica dos costumes*.

1847
O romance *Tancredo*, de Benjamin Disraeli, é publicado.

de propriedade desmoronaria se *todos* roubassem; quebrar promessas pressupõe um costume geralmente aceito de cumprimento de promessas, e assim por diante.

> ### Dever emanado por Deus
>
> O sistema de deveres absolutos de Kant pode preponderar entre essas teorias filosóficas, mas a influência mais importante nessa área deve ser buscada em outro lugar. "O dever não pode existir sem fé", escreveu Benjamin Disraeli em 1847. Para a maioria da humanidade, durante a maior parte da história, a principal autoridade no que se refere às responsabilidades ou obrigações que chamamos de deveres tem sido divina e, portanto, absoluta. Geralmente transmitidos por escrituras e mediados por sacerdotes, os desejos e ordens de um deus ou de deuses impõem obrigações aos humanos, cujo dever é cumprir essas obrigações adotando certos códigos de conduta, por exemplo, e realizando vários serviços e sacrifícios em honra da(s) divindade(s). Na tradição judaico-cristã, o caso mais famoso são os Dez Mandamentos, um conjunto de prescrições divinas que impõe uma série de deveres absolutos à humanidade: o dever de não matar, o de não cobiçar a mulher do próximo e assim por diante.

Embora a exigência de universalidade descarte alguns tipos de conduta em bases lógicas, parece haver muitos outros que poderíamos universalizar, mas que não queremos considerar morais. "Sempre cuide de seus próprios interesses", "quebre as promessas que podem ser quebradas sem que a prática de prometer seja prejudicada" – parece não haver nada de inconsistente ou irracional em querer que essas se tornem leis universais. Então, como Kant evita esse perigo?

Razão pura e autonomia A genialidade do sistema ético de Kant é como ele passa da estrutura puramente racional imposta pelo imperativo categórico para o verdadeiro conteúdo moral – a fim de explicar como a "razão pura", despida de inclinação ou desejo, pode influenciar e direcionar a vontade de um agente moral. A resposta reside no valor inerente da própria ação moral – valor baseado no "único princípio supremo da moralidade", a liberdade ou autonomia de uma vontade que obedece a leis que impõe a si mesma. A importância suprema atribuída aos agentes autônomos e de livre-arbítrio é refletida na segunda grande formulação do imperativo categórico:

> Aja de forma a tratares a humanidade, seja na tua pessoa, seja na pessoa de outrem, nunca como um simples meio, mas sempre, ao mesmo tempo, como um fim.

Uma vez reconhecido o valor incomparável da própria ação moral de alguém, é necessário estender esse reconhecimento à ação dos outros. Tratar os outros como um meio para promover os próprios interesses é destruir a capacidade deles de agir, de modo que máximas egoístas ou danosas aos outros contrariam essa formulação do imperativo categórico e, portanto, não se qualificam como leis morais. Em essência, há um reconhecimento aqui de que existem direitos básicos que pertencem às pessoas em virtude de sua humanidade e que não podem ser desprezados – e, assim, que existem deveres que devem ser obedecidos, não importa o que aconteça.

> **Duas coisas enchem o espírito com crescente admiração e reverência, quanto mais frequente e constantemente refletimos sobre elas: os céus estrelados acima de nós e a lei moral dentro de nós.**
>
> Immanuel Kant,
> *Crítica da razão prática*, 1788.

A ideia condensada
Tu não farás... aconteça o que acontecer?

14 Deveres *prima facie*

O senso comum sugere a muitos que é mais importante fazer o que é certo do que maximizar a felicidade (ou o bem), como os utilitaristas supõem. Certamente deve haver um lugar para o dever – a ideia de que algumas coisas valem a pena simplesmente porque são as coisas certas a fazer. E, no entanto, a mera austeridade da ideia de deveres absolutos de Kant, a ser seguida em qualquer circunstância, parece levar as coisas longe demais. Nossa vida é cheia de compromissos e dilemas morais, em que inúmeras reivindicações competem e entram em conflito, arrastando-nos a um só tempo para direções diferentes.

Se realmente aconteceu de a polícia secreta bater na minha porta, pretendendo fuzilar meu hóspede (ver página 54), é *claro* que eu deveria mentir sobre seu paradeiro. O absolutismo de Kant parece louco nesse caso. Todavia, a justificativa para contar essa mentira não é, como sugere o utilitarista, a de que eu provocaria um ganho efetivo na felicidade humana (ou bem). Talvez provocasse, talvez não. O fato simples da questão é que, nessas circunstâncias, meu dever de proteger um indivíduo é mais urgente do que meu dever de dizer a verdade.

Ross sobre os deveres   Um dos grandes atrativos da visão de moralidade do filósofo escocês Sir David Ross, estabelecida na primeira metade do século XX, é que ela se acomoda confortavelmente no senso comum, refletindo a perene batalha humana para determinar a coisa certa a fazer em qualquer situação e, em seguida, fazê-la. Ross reconhece que temos muitos deveres morais e que eles frequentemente entram em conflito uns com os outros.

Na opinião de Ross, embora reconheçamos vários desses deveres, eles não são absolutamente obrigatórios. Ao refletirmos sobre como devemos agir, é

linha do tempo

1785
Immanuel Kant elabora uma explicação absolutista de dever em *Fundamentação da metafísica dos costumes*.

Final do século XVIII
Jeremy Bentham lança as bases do utilitarismo clássico.

nossa tarefa, como agentes morais, avaliar as reivindicações concorrentes e chegar a uma decisão que esteja certa diante das circunstâncias. Ele chama esses deveres de *prima facie*, expressão latina que significa "à primeira vista", não porque não são obrigações genuínas, mas porque podem ser desprezados em prol de outros deveres que prevalecem em uma situação específica.

Embora enfatizando que sua lista não está necessariamente completa, Ross enumera sete tipos de dever *prima facie*:

> **Qualquer ato possível tem muitos aspectos relevantes para sua correção ou incorreção.**
>
> Sir David Ross,
> *The Right and the Good*
> [O certo e o bom], 1930.

1 Fidelidade   O dever de ser honesto (dizer a verdade, manter as promessas).

2 Reparação   O dever de compensar por um ato injusto anterior.

3 Gratidão   O dever de reconhecer serviços prestados por outros.

4 Justiça   O dever de ser justo (para resistir à distribuição injusta de bens).

5 Beneficência   O dever de ajudar os menos afortunados.

6 Desenvolvimento pessoal   O dever de melhorar a própria virtude, inteligência etc.

7 Não maleficência   O dever de não prejudicar os outros.

Equilibrando deveres   Ross fornece vários exemplos para mostrar como, na prática, deveres *prima facie* concorrentes podem ser avaliados e ponderados, por meio de reflexão moral, a fim de se determinar um dever real – ou seja, o que é efetivamente o certo a fazer em uma situação específica. Considerando um conflito entre as reivindicações de fidelidade (manter uma promessa) e de beneficência (ajudar alguém necessitado), ele escreve:

> Além do dever de cumprir as promessas que fiz e reconhecer o dever de aliviar a aflição, e [...] quando penso que é certo fazer o segundo à custa de não fazer o primeiro, não é porque acho que produzirei mais

1930

The Right and the Good [O certo e o bom], de Sir David Ross, oferece uma explicação da moralidade em termos de deveres *prima facie*.

bem assim, mas porque acho que é, dadas as circunstâncias, mais do que um dever.

Aqui, Ross deixa claro que esses julgamentos não devem ser feitos (unicamente) sobre bases utilitaristas – ou seja, adotando qualquer caminho que produza mais felicidade ou bem. Ele admite que provocar as melhores consequências possíveis pode ser um dever *prima facie*, mas é claro que é apenas um de muitos, e não necessariamente o mais importante.

De fato, em outra ocasião, Ross é explicitamente *antiutilitarista*. Imagina uma situação em que manter uma promessa a uma pessoa A produz muito menos bem para ela do que outro ato produziria a uma pessoa B, a quem nenhuma promessa foi feita. Ele julga que (sendo as outras coisas iguais) é nosso dever manter a promessa, rejeitando, portanto, a resposta utilitarista. É uma questão de grau, no entanto, e cada caso deve ser considerado em seus méritos. Pois, se a quebra da promessa produzisse "uma disparidade muito maior de valor entre as consequências totais" para A e B, ele acha que (sendo as outras coisas iguais) estaríamos justificados por não manter nossa palavra. Ross, claramente, não é utilitarista nem absolutista.

De onde vêm os deveres? A imagem criada por Ross, de deveres conflitantes competindo por prioridade, parece refletir a visão comum de como chegamos a decisões morais. Mas como e de onde ele tira os deveres *prima facie* em torno dos quais gira sua teoria?

Ross acredita que "as convicções de pessoas ponderadas e bem-educadas" fornecem "os dados da ética". Seus deveres *prima facie* são autoevidentes para pessoas que refletem de maneira clara e serena, com a mente não distorcida pelo egoísmo ou pela educação moral falha. Em outras palavras, temos uma compreensão intuitiva dessas verdades morais, que não exigem nem admitem evidências além de si mesmas.

O problema com coisas que dispensam comprovação é que elas não podem ser mostradas como certas ou erradas. Nunca podemos ter certeza de que o que parece autoevidente para Ross assim parecerá para os outros; sem dúvida, o fato de que outros teóricos encontrem coisas autoevidentes, e que essas coisas

---

Ajudando e prejudicando os outros

Suponha que seja a hora do *rush* e você esteja no metrô, de pé na beira da plataforma enquanto o trem se aproxima. De repente a multidão atrás de você surge, ameaçando empurrar a pessoa ao seu lado nos trilhos, na frente do trem. No último instante, você empurra outra pessoa da plataforma nos trilhos e abre espaço para a pessoa a seu lado, salvando a vida dela. A resposta utilitarista clássica aqui é que, moralmente, a sua atitude não faz diferença. No entanto, Ross, como sempre, fica mais perto de nossas intuições comuns, insistindo que nesses casos o dever da beneficência (ajudar os outros) é superado pelo dever da não maleficência (não prejudicar os outros): "Em geral, não devemos considerar justificável matar uma pessoa para manter outra viva".

nem sempre sejam as mesmas das de Ross, sugere que há justificativa para sermos céticos em relação a essas afirmações. Preocupações semelhantes sobre a falibilidade da intuição envolvem as tentativas de Ross de explicar como e quando, em determinadas situações, um dever é menos urgente do que outro e, portanto, deve lhe dar lugar.

Permanece a suspeita de que Ross tenha dado uma explicação plausível de como a deliberação moral funciona sem nos convencer de que os frutos dessa deliberação estão seguramente fundamentados.

A ideia condensada
Interpretando o conflito moral

15 Duplo efeito

"Que a justiça seja feita mesmo que os céus caiam": as moralidades absolutistas sustentam que há certos tipos de ação que estão *sempre* errados, não importam as consequências. Matar uma pessoa inocente de propósito, por exemplo, é intrinsecamente errado – errado em si – e não pode ser justificado sob quaisquer circunstâncias. A ética kantiana tem essa visão, bem como muitas variedades de moralidade religiosa, a partir das quais se acredita que as prescrições morais absolutas são baseadas na palavra infalível de Deus.

Um grande problema para o absolutismo é que há muitas circunstâncias em que o senso comum sugere que devemos ignorar suas rígidas injunções. Se a única maneira de impedir "que os céus caiam" – ou, de forma menos figurada, a perda, digamos, de milhões de vidas inocentes – fosse o sacrifício deliberado de uma vida inocente, não seria perverso não fazer esse sacrifício? Pode realmente ser errado matar um feto para salvar a vida de uma mulher, se a alternativa é que ambos morrem? Ou um soldado se matar deliberadamente, atirando-se sobre uma granada, para salvar seus companheiros?

Os absolutistas devem admitir que essas ações estão erradas ou encontrar alguma forma de interpretá-las que seja consistente com sua visão moral. Em termos históricos, a abordagem mais importante nessa linha, notavelmente na tradição católica, tem sido a doutrina do duplo efeito. Essa doutrina ou princípio tenta traçar uma distinção moralmente significativa entre consequências boas e ruins (daí o "duplo efeito") de uma ação. Afirma-se que é moralmente permissível que o agente execute a ação se ele pretende provocar as consequências boas e apenas prevê as ruins. Em outras palavras, pode ser aceitável realizar uma boa ação sabendo que as consequências ruins virão, mas é sempre errado realizar uma má ação como meio de alcançar um bom resultado.

linha do tempo

Século XIII	1967
É atribuída a Tomás de Aquino a introdução do princípio do duplo efeito.	O dilema do bonde original é apresentado em um artigo da filósofa britânica Philippa Foot.

O dilema do bonde   Para ver como a doutrina funciona, considere o seguinte caso:

> Há um bonde descontrolado nos trilhos, indo na direção de cinco pessoas um pouco adiante na via. Ao seu lado, há uma alavanca que, se puxada, desviará o bonde para um trilho lateral. Você percebe que, infelizmente, há uma pessoa nesse trilho lateral. Se você não fizer nada, as cinco pessoas no trilho principal serão mortas; se puxar a alavanca, o bonde será desviado, salvando as cinco, mas matando a pessoa no trilho lateral. O que você deveria fazer?

A maioria das pessoas acha que você deve puxar a alavanca nessa situação. Uma análise utilitarista clássica concordaria com essa intuição. Tudo o mais sendo constante, sacrificar uma vida para salvar cinco produz um ganho efetivo em utilidade (felicidade). A ética moderada de Ross, dos deveres *prima facie* (ver capítulo 14), também pode estar de acordo com a visão popular. Ele reconhece um forte dever de não prejudicar os outros e um dever menos urgente de ajudar os outros, mas eles não são absolutos. Nesse caso, há benefício suficiente para justificar o desprezo ao dever mais forte? Essa é uma tese para cuidadosa reflexão, mas é pelo menos uma questão em aberto. Apenas o absolutista parece não concordar com a intuição comum aqui. Se é sempre errado matar, é errado matar a pessoa no trilho lateral. Ponto.

O loop do bonde

Uma simples modificação do dilema do bonde original lança dúvidas sobre a distinção entre intenção e previsão, da qual depende a doutrina do duplo efeito. Suponha que o trilho lateral (com uma pessoa), que se ramifica a partir do trilho principal (com cinco pessoas), seja circular e volte para o principal; então, se você puxar a alavanca e desviar o bonde, ele dará a volta e matará as cinco pessoas. É apenas a presença da pessoa no trilho lateral que bloqueia o bonde e o impede de dar a volta e matar as cinco no trilho principal. Nesse caso, a morte da pessoa no trilho lateral é intencional como meio de salvar as cinco. A maioria das pessoas acha, no entanto, que ainda é certo puxar a alavanca. Essa intuição comum, se sã, sugere que a distinção entre intenção e previsão não é a questão crucial nesses casos.

1976
A versão do homem gordo do dilema do bonde é inventada pela filósofa americana Judith Thomson.

1985
Thomson introduz a variação do *loop* no dilema do bonde.

É aí que entra a doutrina do duplo efeito. O absolutista afirma que sua intenção é salvar as cinco pessoas no trilho principal. No decorrer da realização desse objetivo admirável, prevê-se, com pesar, que a pessoa desafortunada no trilho lateral morrerá. Essa morte não é parte de sua intenção – é um efeito colateral previsível, mas não intencional –, portanto, a ação em questão é moralmente permissível.

O homem gordo na ponte Para ver o tipo de distinção que a doutrina traça, considere um cenário ligeiramente modificado:

> *Como antes, o bonde está descontrolado, indo em direção a cinco pessoas mais adiante na linha. Mas desta vez você está em uma ponte sobre os trilhos, assistindo aos eventos de cima. Há um homem muito grande ao seu lado. Você percebe que, se empurrá-lo para fora da ponte, nos trilhos abaixo, o corpo maciço ficará no caminho do bonde, parando-o antes que possa atingir as cinco pessoas no trilho. Se você não fizer nada, as cinco pessoas serão atingidas pelo bonde e morrerão; se empurrar o homem gordo da ponte, ele será morto, mas as cinco serão salvas. O que você deveria fazer?*

De um ponto de vista estritamente utilitarista, a resposta permanece a mesma: o saldo de ganho – uma vida perdida para salvar cinco – não é alterado, então você deve ir em frente e empurrar o homem gordo. Mas a intuição comum aqui é invertida – a maioria das pessoas tem o instinto de que é errado matar alguém deliberadamente nessas circunstâncias – e a doutrina do duplo efeito fornece uma explicação possível. Nesse caso, a morte do homem gordo é realmente necessária: o dano causado a ele não é apenas previsto, mas pretendido como o meio de salvar os outros; portanto, a ação é (de acordo com a doutrina) moralmente inadmissível.

O duplo efeito na medicina No mundo real, a doutrina do duplo efeito tem sido mais notável na área da ética médica. O tratamento habitual para o câncer do útero é a remoção do órgão doente (histerectomia), um procedimento que, no caso de uma mulher grávida, causará a morte certa do feto. Isso é permitido pela doutrina, com base no fato de que a morte fetal é vista (ou prevista) como um efeito colateral indesejado da louvável intenção de salvar a vida da mulher. Por outro lado, a craniotomia – um procedimento que envolve a abertura do crânio do feto – é proibida, porque, nesse caso, matar o feto é o meio direto utilizado para salvar a vida da mulher.

Outro exemplo muito citado é a situação em que um médico prescreve analgésicos poderosos no tratamento de um paciente com doença terminal. Prevê-se que essas drogas possam encurtar a vida do paciente, mas seu uso é considerado moralmente aceitável desde que elas sejam dadas com a intenção de aliviar a dor. No entanto, administrar drogas *a fim de* encurtar a vida e, assim, reduzir o sofrimento, não seria permissível.

Problema em dobro Como mostram esses exemplos da vida real, o problema central enfrentado pela doutrina do duplo efeito é fazer uma distinção convincente entre o que é pretendido e o que é apenas previsto. Em particular, há a preocupação de que uma questão ética sempre possa ser caracterizada de modo a acomodar um preconceito existente sobre o tema. Assim, por exemplo, o que os defensores do aborto descrevem como uma histerectomia será retratado por seus oponentes como um aborto; cada lado acabará voltando ao ponto de onde começaram, sem avançar no debate. Quando reduzida dessa forma, ao nível da semântica, a doutrina do duplo efeito possui poucas promessas de oferecer insights de substância moral real.

A ideia condensada
Pretender e prever danos

16 Ações e omissões

Há uma visão comum de que existe uma diferença moralmente significativa entre o que fazemos e o que permitimos que aconteça. Pode ser muito ruim não alertar alguém se você vir uma árvore caindo sobre a cabeça dessa pessoa, mas, tanto ética quanto legalmente, é considerado muito pior provocar o mesmo resultado deliberadamente cortando a árvore. Essa distinção fundamenta a chamada "doutrina das ações e omissões".

A ideia de que há uma importante diferença moral entre fazer uma coisa e permitir que uma coisa aconteça serve a um propósito similar, em uma ética baseada em deveres rígidos e incondicionais, à doutrina do duplo efeito (ver página 66). O absolutista – religioso ou outro – que adota a ideia de duplo efeito propõe que provocar mortes inocentes (por exemplo) como um efeito colateral não intencional não é proibido da mesma forma que o é matar intencionalmente. Na mesma linha, o defensor da doutrina das ações e omissões afirma que o ato de deixar as pessoas morrerem não está sujeito à mesma proibição moral absoluta do de matá-las deliberadamente. Assim, por exemplo, a eutanásia ativa (administrar drogas para matar um paciente) é proibida, mas a eutanásia passiva (suspender o tratamento que o manteria vivo) não é. Como essa distinção moral resiste ao escrutínio?

Deveres positivos e negativos   Ao contrastar fazer X e permitir que X aconteça, a ação que teria impedido a ocorrência de X deve ser algo que eu poderia ter feito e que poderia razoavelmente ser esperado que eu fizesse. O grau de censura moral envolvido, se houver, depende do tipo de obrigação ou dever ao qual essa expectativa dá origem. Levando isso em consideração, a filósofa inglesa Philippa Foot analisa a distinção de ações e omissões em termos de direitos e deveres que refletem os deveres *prima facie* estabelecidos por Sir David Ross (ver página 58).

linha do tempo

1930
Sir David Ross elabora uma explicação da moralidade em termos de deveres *prima facie*.

1967
Philippa Foot analisa ações e omissões em termos de deveres positivos e negativos.

Brincando de Deus

Em questões de vida e morte, a doutrina das ações e omissões pode tirar vantagem do nosso medo de, ao fazer algo ativamente, estarmos "brincando de Deus": decidindo quem deve viver e quem deve morrer. Se permitimos que uma mulher e seu bebê nascituro morram, em vez de salvá-la realizando um aborto, podemos ao menos nos consolar com o fato de termos deixado a natureza seguir seu curso – de termos deixado a questão nas mãos de Deus. Mas isso deve ser apenas um pequeno consolo. Pois em que sentido moralmente relevante "sentar e não fazer nada" é realmente não fazer nada? A decisão de não agir é tanto uma decisão quanto uma ação, de modo que, nesses casos, parece não termos escolha a não ser brincar de Deus – e aceitar as consequências morais das escolhas que fazemos.

Como Ross, Foot acredita que há deveres concorrentes que devem ser pesados uns contra os outros para se alcançar julgamentos morais. Ela sugere que todas as pessoas têm um direito positivo (fraco) de ser beneficiadas e um direito negativo (forte) de não ser prejudicadas. Correspondendo a esses direitos, há deveres: um dever positivo (fraco) de beneficiar os outros e um dever negativo (forte) de não prejudicar os outros. Causar dano a alguém, nesses termos, consiste em violar seu direito negativo de não ser prejudicado, ao passo que permitir o dano a alguém equivale a violar seu direito positivo de ser beneficiado (ou salvo de danos).

Foot imagina duas situações médicas em que o conflito entre deveres negativos e positivos parece explicar nossas intuições divergentes. Suponha que haja uma droga escassa e que um médico pode usá-la para salvar a vida de um homem que precisa de uma grande dose ou de cinco homens que precisam de doses menores. Nesse caso, a questão é pesar o dever positivo de ajudar um indivíduo contra o dever semelhante de ajudar cinco indivíduos, e, tudo o mais sendo constante, é certo (assim julga a maioria das pessoas) fazer tanto bem quanto possível salvando tantas vidas quanto possível. Porém, seria errado se o único meio de produzir o mesmo resultado fosse matar um homem e retirar seus órgãos para transplantar nos outros cinco pacien-

1975
James Rachels afirma que não há distinção moral entre fazer e permitir acontecer.

2009
As Nações Unidas relatam que 17 mil crianças morrem de fome todos os dias.

tes. Nesse caso, o dever positivo de ajudar os cinco supera o dever negativo de não causar dano a um.

Primos matadores   Há situações em que permitir que algo aconteça é tão moralmente inadmissível quanto fazer alguma coisa? O filósofo americano James Rachels acredita que sim, e apoia sua alegação convidando-nos a considerar os dois casos a seguir:

> (A) *Smith sabe que vai ganhar uma enorme herança com a morte de seu jovem primo. Uma noite, enquanto a criança está tomando banho, ele entra no banheiro e a afoga.*
>
> (B) *Jones também ganha com a morte de seu primo. Ele se dirige sorrateiramente ao banheiro, pretendendo afogar a criança, mas, assim que entra, a criança escorrega, bate a cabeça e cai de cara na água. Jones fica olhando, pronto para empurrar a criança para baixo se necessário, mas não é preciso: a criança se afoga enquanto Jones observa e não faz nada.*

Ativamente, Smith causa dano à criança, violando assim seu direito negativo de não ser prejudicada, enquanto Jones "apenas" permite que o dano aconteça, violando o direito positivo da criança de ser beneficiada. De acordo com a análise de Foot, deveríamos achar moralmente pior o comportamento de Smith do que o de Jones, mas, na visão de Rachels, não o fazemos: consideramos o que ambos fazem igualmente errado.

Defesa instável

Temos uma visão sombria de pais que matam os filhos, quer o façam envenenando-os, quer matando-os de fome. Supõe-se geralmente que há uma distância muito grande entre esses atos hediondos e permitir que milhões de crianças pobres ao redor do mundo morram de fome a cada ano. Essa omissão corriqueira, facilmente tolerada por muitos de nós a maior parte do tempo, é bem menos desprezível, moralmente falando, do que chegar ao mesmo resultado enviando comida envenenada. Ou não? O esforço necessário para evitar esse resultado pode ser muito mais extenuante, mas o resultado em si dificilmente é menos certo. A distância moral é realmente tão grande? Gostamos de pensar assim, mas se os fatores atenuantes são o grau de esforço e a ignorância intencional, a defesa é um pouco melhor na ética do que na lei.

Um guia que não é guia   Rachels acredita que esses casos demonstram que não há diferença moralmente significativa entre causar dano e permitir que o dano aconteça. É improvável que tenha provado isso – seus exemplos indicam apenas que permitir *pode* ser tão ruim quanto fazer. Ainda assim, se concordarmos que casos como os mencionados por Rachels são *exceções* à doutrina das ações e omissões, esse mesmo fato causa sérios danos à doutrina. Se um princípio permite exceções, significa que todo caso ao qual o princípio é aplicado deve ser examinado para ver se é uma das exceções. Indiscutivelmente, esse princípio não é um princípio, e, o que quer que seja, certamente não ajuda muito a oferecer orientação moral.

A ideia condensada
Fazer e permitir que aconteça

17 Sorte moral

As irmãs Phoebe e Millie estão bastante dispostas a se livrar de seus maridos displicentes. Phoebe volta sorrateiramente para casa tarde da noite, pega uma faca na mesa da cozinha, sobe na ponta dos pés até o quarto e, alegremente, afunda a lâmina no peito do marido, que está roncando. No mesmo momento, Millie volta sorrateiramente para casa, pega uma faca na mesa da cozinha, sobe na ponta dos pés e, alegremente, golpeia o marido, que está roncando, só para ver a lâmina da faca de brinquedo de seu filho se dobrar ao bater no peito do homem.

A lei tem uma visão muito diferente do comportamento de cada irmã. Phoebe cometeu assassinato e, se for pega e condenada, provavelmente passará muitos anos, ou a maioria de seus anos restantes, atrás das grades. Millie, por outro lado, enfrentará no máximo uma acusação de tentativa de homicídio, supondo que seu malogrado intento seja tratado com esse grau de seriedade. Em todo caso, é um delito menos grave, e qualquer punição que ela receber será proporcionalmente menos severa.

Está claro que a lei, então, considera relevante o resultado de uma ação para avaliar sua gravidade como delito. Julga-se que a assassina bem-sucedida tenha feito alguma coisa significativamente pior do que a irmã menos competente. Uma distinção similar é reconhecida em outras áreas da lei. Considere, por exemplo, o caso de dois motoristas, ambos dirigindo de maneira imprudente, e acontece de um deles bater e matar uma criança. Mais uma vez, a ação do assassino da criança é considerada bem mais culpável, e é provável que ele seja muito mais severamente punido como consequência.

Temos a expectativa, ou pelo menos a esperança, de que a lei seja um espelho justo e fiel da moralidade. Então, em que medida a visão legal está de

linha do tempo

Século V a.C.
A lenda de Édipo, rei de Tebas, é contada pelo poeta trágico grego Sófocles e outros.

1947
Rudolf Höss, comandante de Auschwitz até 1943, é considerado culpado de crimes de guerra e enforcado.

acordo com nossas intuições morais comuns? O motorista que mata a criança provavelmente *se* julgará muito mais duramente do que seu par mais afortunado, e a maioria de nós sem dúvida concordaria com ele. Da mesma forma, em regra, a ação da irmã assassina bem-sucedida seria considerada significativamente pior do que a da irmã menos competente.

Um exemplo usado pelo filósofo americano Thomas Nagel capta, com nitidez, nossa ambivalência nessas questões:

> Se alguém negligentemente deixa a torneira da banheira aberta com o bebê dentro dela, essa pessoa vai concluir, enquanto sobe as escadas em direção ao banheiro, que fez algo terrível caso o bebê tenha se afogado, ao passo que, se o bebê não se afogou, ela foi simplesmente descuidada.

É ruim ser azarado? De fato, nossas intuições normais, bem como a lei, parecem ficar bastante confusas nesses casos. Porque normalmente supomos que duas pessoas não devem ser julgadas de forma diferente, a menos que as diferenças sejam devidas a fatores que elas podem controlar: a culpa e o elogio devem ser reservados para as coisas que são feitas de modo voluntário. Terei uma visão obscura de você jogando café deliberadamente em mim, mas serei menos rápido em culpá-lo se você tiver escorregado ou se alguém tiver sacudido seu cotovelo. No entanto, nos casos considerados acima, é uma questão de puro acaso que um motorista mate e o outro não, que uma irmã seja bem-sucedida e a outra não. A única coisa que parece fazer diferença é a sorte, e a sorte está, por definição, fora de nosso controle.

> **"O ceticismo sobre a moralidade estar livre da sorte não pode deixar o conceito de moralidade inerte."**
>
> Bernard Williams,
> *Moral Luck* [Sorte moral], 1981.

Parece, então, que o vínculo entre culpa e voluntariedade – ou controle – é menos sólido do que geralmente supomos. Tudo indica que culpamos as pessoas não apenas pelo que fazem voluntariamente, mas também pelo que fazem por obra do destino. Parece que a moralidade não está imune ao acaso, afinal, e que existe uma sorte moral: a má sorte, aparentemente, pode torná-lo mau.

1979
Thomas Nagel sugere que a moralidade cotidiana não é imune à sorte.

1981
Moral Luck [Sorte moral], de Bernard Williams, questiona o vínculo entre moralidade e voluntariedade.

Sem espaço para arrependimento

Imagine que você se envolveu em um acidente chocante. Suponha, por exemplo, que estivesse dirigindo com todo o "cuidado e atenção" – a uma velocidade segura, em um carro com o qual você tomou todas as precauções razoáveis para estar apto a circular e assim por diante – e, apesar disso, teve o azar de atropelar uma criança que correu para a estrada à sua frente. Assumindo que o acidente foi pura infelicidade – que realmente não havia nada que você pudesse ter feito para impedi-lo –, a visão normal, tanto na lei quanto na moralidade comum, seria de que você estava livre de culpa: sua ação foi involuntária e, portanto, fora do escopo da censura legal ou moral. Para a maioria de nós, no entanto, isso sem dúvida seria um consolo pequeno: decerto seríamos consumidos pelo remorso, lamentando profundamente tanto a morte da criança quanto o fato de termos desempenhado um papel ao provocá-la. Esse pesar é insensato ou irracional ou inadequado? Tente dizer isso ao motorista azarado. Muitas teorias éticas modernas, focando principalmente ações em vez de agentes, deixam de dar uma explicação adequada do fenômeno do arrependimento do agente. Os gregos antigos, cujo entendimento ético começava no caráter do agente, eram mais espertos: perceberam que não havia nada de insensato, era tudo humano na avassaladora angústia de Édipo quando ele descobre que, inteiramente contra sua vontade, casou-se com a própria mãe e matou o pai.

Ou é azar ser mau? Parece que pisamos em terreno mais seguro para julgar as pessoas fazendo-o com base em suas intenções, e não no resultado dessas intenções. Esse movimento obviamente modificaria nossa avaliação das irmãs assassinas e dos motoristas imprudentes. Mas, mesmo assim, o problema da sorte não desaparece, pois podemos nos perguntar até que ponto realmente temos controle sobre nossas intenções.

Formamos as intenções que formamos por causa do tipo de pessoa que somos, e há inúmeros fatores que nos moldam como pessoa que não podemos controlar. Nosso caráter é o produto de uma combinação extremamente complexa de fatores genéticos e ambientais sobre os quais temos pouco ou nenhum controle. Então, em que medida devemos ser julgados por ações ou intenções que fluem naturalmente de nosso caráter? Se não posso evitar ser covarde ou egoísta – se é, por assim dizer, "da minha natureza" ser assim –, é justo me culpar ou criticar por fugir do perigo ou por pensar demais em meus próprios interesses?

É possível continuar alongando cada vez mais os limites da sorte. Muitas vezes, uma avaliação da maldade moral parece depender apenas de se estar no lugar errado na hora errada. Só podemos demonstrar os pontos bons e maus de nosso caráter se as circunstâncias nos proporcionarem oportunidades para isso. Você não pode mostrar sua grande generosidade natural se não tiver os recursos para ser generoso ou beneficiários em potencial com os quais ser generoso. Podemos achar que nunca ostentaríamos a depravação de um guarda nazista em Auschwitz, mas é claro que jamais teremos certeza disso. Tudo que podemos assegurar é que somos muito afortunados por nunca ter que descobrir se agiríamos assim. Então, o guarda nazista não teve sorte por ter sido colocado em uma situação em que poderia descobrir isso? Ele teve o azar de ser mau?

Levado à sua conclusão lógica, o debate sobre se há algo como sorte moral funde-se com a questão do livre-arbítrio e levanta as mesmas perguntas: Em última análise, *tudo* que fazemos é feito livremente? E se não há liberdade, pode haver responsabilidade? E sem responsabilidade, qual é a justificativa para culpar e punir?

A ideia condensada
Desvinculando o moral e o voluntário

18 Livre-arbítrio

O conceito de livre-arbítrio – a ideia de que somos agentes livres, capazes de agir como quisermos – é fundamental para todo o pensamento ético. Se eu disser que você *deve* fazer isso e aquilo, insinuo que *pode* fazer. É o fato de você ser capaz (ou considerado capaz) de realizar algo diferente do que realiza que justifica responsabilizá-lo por suas ações: você pode ser elogiado, e talvez recompensado, por fazer uma coisa; e culpado, e talvez punido, por fazer outra. Mas, se o livre-arbítrio é uma ilusão – se nunca somos realmente livres para fazer uma coisa diferente daquela que fazemos –, a ideia de escolha e responsabilidade moral parece não ter sentido.

Não há dúvida de que, em geral, todos pensamos e nos comportamos como se tivéssemos liberdade nesse sentido. O problema é que há razões poderosas para se supor que o universo é essencialmente determinista, ou seja, que tudo que acontece é fixado por uma necessária cadeia de causação. Se for assim, todas as ações humanas, como eventos no universo, também são determinadas e não poderiam ser diferentes do que são.

Então, se vivemos em tal universo, significa que nos falta livre-arbítrio e, portanto, não somos seres distintamente morais, totalmente responsáveis por nossas ações? Há algum propósito em deliberar sobre qualquer coisa que fazemos, se o resultado de nossa deliberação for antecipadamente determinado? Que lugar, de fato, há para gratidão e ressentimento num mundo desses? Por que ser grato por algo, ou ressentir-se de alguma coisa, que não poderia ter sido diferente?

Engrenagens em um universo mecânico Embora suas origens remontem aos gregos antigos, a compreensão moderna de determinismo deve muito à visão mecanicista do universo, que começou com a obra de Isaac Newton no século XVII. No universo newtoniano, ou "mecânico", tudo se

linha do tempo

Séculos IV-III a.C.
O grego Epicuro introduz o "desvio" espontâneo para permitir o livre-arbítrio em sua visão de mundo atomística.

Século III a.C.
Os filósofos estoicos gregos adotam uma poderosa forma de determinismo cósmico.

comporta necessariamente segundo leis físicas fixas. Assim como o movimento dos ponteiros de um relógio pode ser previsto, já que lhe deram corda e o colocaram em funcionamento, todos os estados sucessivos do universo seguem inevitavelmente, uma vez estabelecidas as condições iniciais. Desse modo, a história futura do universo foi fixada para sempre no momento de seu princípio.

Assumindo que nós (como habitantes físicos do universo) estamos sujeitos a leis deterministas, segue-se que tudo que fazemos – todas as decisões que tomamos, todos os pensamentos que mantemos, todas as nossas intenções, desejos e motivações – é fixado por algum estado anterior. Essa cadeia causal pode ser observada de trás para frente, em princípio, até algum estado pelo qual claramente não temos responsabilidade (coisas que aconteceram antes de nascermos, por exemplo). Qualquer estado futuro que causarmos já está determinado por um estado anterior e pelas leis da natureza. Se é assim, como podemos ser responsabilizados por esse estado?

Filósofos sobre o livre-arbítrio A ameaça ao livre-arbítrio apresentada pelo determinismo evocou uma ampla gama de respostas filosóficas. Entre elas, várias abordagens distintas podem ser vistas.

Se está na hora de sua morte...

Às vezes o determinismo é um tanto desesperador, confundido com o fatalismo, a visão de que "o que será, será" e de que a ação humana é ineficaz. Se tudo é fixado com antecedência, por que se preocupar em fazer algo em relação a isso? Você vai morrer mais cedo ou mais tarde, então por que se preocupar em parar de fumar? De fato, morrer mais cedo ou mais tarde pode muito bem depender de você parar de fumar. A iniciativa de parar ou não de fumar pode ser fixada antecipadamente, assim como o seu tempo de vida, e os dois fatos podem estar conectados: nenhum deles mostra que a ação humana não tem influência sobre os eventos.

Deterministas rígidos aceitam que o determinismo é verdadeiro e que é incompatível com o livre-arbítrio: nossas ações são causalmente determinadas e a ideia de que somos livres, no sentido de que poderíamos ter agido de for-

1687
O *Principia Mathematica*, de Newton, lança as bases para a compreensão mecanicista do universo.

1814
Pierre-Simon Laplace apresenta o primeiro relato publicado de determinismo científico ou causal.

ma diferente, é ilusória. Assim, eles acreditam que censura moral e elogio, como normalmente concebidos, são inadequados.

Em contraste, os deterministas suaves (ou compatibilistas), embora aceitem que o determinismo é verdadeiro, negam que ele seja incompatível com o livre-arbítrio. O fato de que poderíamos ter agido de forma diferente *se tivéssemos escolhido* fazê-lo nos dá uma ideia satisfatória e suficiente da liberdade de ação. É irrelevante, na visão deles, que uma escolha seja causalmente determinada; o ponto importante é que não seja forçada ou contrária aos nossos desejos. Uma ação livre, nesse sentido, está aberta à avaliação moral normal.

Explicando o mal no mundo

Para muitas pessoas, especialmente em um momento de trauma pessoal, o "problema do mal" – a presença de dor e sofrimento no mundo – é o desafio mais sério à ideia de um Deus todo-amoroso. Historicamente, a resposta teológica mais importante para esse desafio é a chamada "defesa do livre-arbítrio". Argumenta-se que o dom divino do livre-arbítrio nos permite fazer escolhas genuínas para nós mesmos, e isso significa que podemos viver uma vida de real valor moral e assim entrar em um relacionamento profundo de amor e confiança com Deus. No entanto, Deus não poderia ter criado esse dom para nós sem o risco de abusarmos dele – do mau uso da nossa liberdade para fazer as escolhas erradas. Era um risco que valia a pena correr e um preço que valia a pena ser pago, mas Deus não poderia ter eliminado a possibilidade da mesquinhez moral sem nos privar de um presente maior – a capacidade da bondade moral. É claro que, se não estivermos de fato livres para fazer escolhas reais em nossa vida, como sugere o determinismo, a defesa do livre--arbítrio rapidamente se desfaz.

Os libertários concordam com os deterministas rígidos quanto ao determinismo ser incompatível com o livre-arbítrio, mas, em vez de negarem a possibilidade do livre-arbítrio, rejeitam o determinismo. Eles sustentam que a alegação do determinismo suave, de que poderíamos ter agido de forma diferente se tivéssemos assim escolhido, é vazia, porque o fato de não fazer tal escolha é em si causalmente determinado (ou seria se o determinismo fosse verdadeiro). O libertário sustenta, então, que nossas escolhas e ações não são determinadas e, portanto, que o livre-arbítrio humano é real.

O problema para os libertários é explicar como uma ação pode ocorrer de forma indeterminada – em particular, como um evento espontâneo pode evitar ser aleatório. Sugeriu-se que a ideia de livre-arbítrio poderia ser salva pela teoria quântica, segundo a qual os eventos no nível subatômico são espontâneos ou indeterminados – são questões de puro acaso que "simplesmente acontecem". Mas a essência da indeterminação quântica é a aleatoriedade, então a ideia de que nossas ações e escolhas são, em algum nível profundo, aleatórias parece não ser menos prejudicial à noção de responsabilidade moral do que o determinismo.

O elefante metafísico na sala O espectro do determinismo paira sobre a ética, sem ter sido exorcizado após séculos de debate. A questão básica – o fato de que nossa percepção de nós mesmos como seres morais aparentemente está em conflito com a compreensão científica do universo – continua a dividir os filósofos, e não há consenso à vista. Questões metafísicas – sobre a natureza fundamental das coisas – às vezes são descartadas como um devaneio, mas as implicações do determinismo têm se mostrado mais difíceis de ser ignoradas.

> **"[O determinismo] professa que aquelas partes do universo já estabelecidas absolutamente indicam e decretam o que as outras partes devem ser."**
>
> William James,
> *The Dilemma of Determinism*
> [O dilema do determinismo], 1884.

A ideia condensada
Somos realmente livres?

19 O contrato social

Por que devemos obedecer ao Estado e às leis que ele estabelece? A resposta é que concordamos em fazê-lo. Coletiva, hipotética, talvez até historicamente – a natureza exata do acordo é obscura –, demos nosso consentimento à autoridade do Estado em troca dos benefícios que ele nos traz, entre os quais segurança contra ameaças, liberdade para fazer o que quisermos sem interferência e justiça, no sentido amplo de uma distribuição justa e apropriada de riqueza e outros bens dentro da sociedade.

Pelo menos esse é o entendimento básico da teoria do contrato social. A ideia de que as instituições e estruturas do Estado são estabelecidas com base em um acordo ou "contrato social" entre seus membros foi sugerida pela primeira vez pelo teórico político inglês Thomas Hobbes em seu tratado *Leviatã* (1651). A teoria tem duas características centrais: consentimento e racionalidade. É o consentimento dos governados que dá legitimidade ao Estado – reconhecimento de seu poder e autoridade para fazer leis. E é uma consideração racional de seus próprios interesses que leva os cidadãos do Estado a aceitar sua autoridade: a cooperação, alcançada pela concordância em obedecer a leis que se aplicam igualmente a todos, é o meio mais seguro de cada membro cuidar de seus próprios interesses.

Se você assinar voluntariamente um contrato, deve ser porque acha que estará melhor, de forma geral, sendo obrigado a seus termos do que estaria de outra forma. Você provavelmente não gosta de pagar uma grande quantia de dinheiro ao seu banco todos os meses, mas prefere isso à alternativa de não ter uma casa, então assina um contrato de hipoteca. Nesse caso, sua preferência é, ou deveria ser, racional: a avaliação de sua posição e interesses, com e sem o contrato, leva-o a firmar um compromisso que, de outra forma, não escolheria assumir.

linha do tempo

1651
Thomas Hobbes faz a primeira e mais influente afirmação da teoria do contrato social.

1690
Dois tratados sobre o governo, de John Locke, defende a monarquia constitucional.

Hobbes e Leviatã Na mesma linha, Hobbes começa sua análise do contrato social imaginando como as coisas ficariam sem o Estado que lhe dá origem. Evoca uma condição pré-social hipotética da humanidade que ele chama de "estado de natureza", uma visão que é incessantemente sombria. Ele supõe que as pessoas são conduzidas exclusivamente pelo interesse próprio – agindo de maneira isolada, estão preocupadas apenas com o próprio prazer e preservação; sua principal motivação é "um desejo perpétuo e inquieto de poder atrás de poder, que cessa apenas na morte". Com indivíduos em permanente conflito e competição entre si, não há possibilidade de confiança ou cooperação; e sem base de confiança, não há perspectiva de se criar prosperidade ou aproveitar os frutos da civilização: "Nem artes; nem letras; não há sociedade; e o que é pior de tudo, medo contínuo e perigo de morte violenta". Hobbes conclui que, assim, no estado de natureza, "a vida do homem [é] solitária, pobre, desagradável, brutal e curta".

Todos têm interesse em trabalhar juntos para escapar do cenário infernal pintado por Hobbes; então, por que as pessoas no estado de natureza não concordariam em cooperar? A resposta é que nunca há confiança suficiente para começar. Há sempre um custo a se pagar no cumprimento de um acordo e algo a se ganhar por não o fazer. Se o interesse próprio é a única coisa que as motiva, como sugere Hobbes, sempre haverá alguém pronto a buscar uma vantagem, renegando o acordo. Nessas circunstâncias, o melhor que você pode fazer é quebrar o contrato primeiro – e todos os outros raciocinam da mesma forma, é claro, para que não haja confiança e para que qualquer acordo futuro seja rapidamente desfeito. É sempre certo que o interesse de longo prazo dá lugar a ganhos de curto prazo, aparentemente não deixando nenhuma saída para o ciclo de desconfiança e violência.

Como, então, os indivíduos presos nesse miserável desacordo podem chegar a um consenso e se libertar? Para Hobbes, o ponto crucial do problema é que "os pactos, sem a espada, são apenas palavras". O que é necessário é um poder ou sanção externa que *obrigue* cada um a obedecer aos termos de um contrato que beneficie a todos. As pessoas devem voluntariamente restringir suas liberdades em prol da cooperação e da paz, com a condição de que todos façam o mesmo; devem "conferir todo o seu poder e força a um homem, ou a uma assembleia de homens, que possa reduzir todas as suas vontades, por pluralidade de vozes, a uma vontade". A solução, então, é a

1762
Jean-Jacques Rousseau, em *O contrato social*, sugere que o Estado deve sua autoridade à vontade geral dos governados.

1971
John Rawls desenvolve a ideia de justiça como equidade em *Uma teoria da justiça*.

submissão conjunta à autoridade absoluta do Estado (o que Hobbes chama de "Leviatã") – "um poder comum para mantê-los todos reverentes".

> ### Atrás do véu de ignorância
>
> O mais proeminente teórico do contrato social do século XX foi o filósofo político americano John Rawls. Em *Uma teoria da justiça* (1971), Rawls introduz um experimento mental que se enquadra claramente na tradição do estado de natureza de Hobbes. Rawls imagina uma situação hipotética (a "posição original") na qual indivíduos são colocados atrás de um "véu de ignorância" que obscurece todos os interesses e lealdades pessoais: "Ninguém conhece o seu lugar na sociedade, sua classe ou status social, nem sabe sua fortuna na distribuição de recursos e habilidades naturais, sua inteligência, força e afins". Colocados atrás do véu e ignorantes do que a sociedade tem reservado para nós, somos obrigados a jogar com segurança e garantir que nenhum grupo receba uma vantagem à custa de outro. Como em Hobbes, é o interesse próprio puramente racional que conduz a tomada de decisão por trás do véu. É o fato de nós, quando colocados nessa posição, aderirmos a certas estruturas e arranjos sociais e econômicos que os tornam justos e, portanto, socialmente estáveis e robustos.

Locke sobre o governo por consentimento   Quase meio século depois de Hobbes, outro grande filósofo inglês, John Locke, adotou a ideia do contrato social para explorar a base do governo. A concepção de Locke do estado de natureza é consideravelmente menos sombria que a de Hobbes, de modo que o contrato que ele prevê entre as pessoas e o soberano é notoriamente menos draconiano. Enquanto Hobbes exige que o poder do Estado seja ilimitado e absoluto a fim de se evitar os horrores da "guerra de todos contra todos", Locke defende o que é essencialmente uma monarquia constitucional. Em sua visão, o povo consente em transferir seu poder para o soberano, sob a condição de que ele o use para o bem comum, e se reserva o direito de retirar esse consentimento se o soberano falhar em seus deveres contratuais. A deposição forçada do governo pelo povo, por rebelião se necessário, continua a ser um remédio legítimo (embora final).

Críticas ao contrato   A teoria do contrato social é aberta a críticas em várias frentes. Se a elaboração do contrato original é supostamente (de forma bastante implausível) um verdadeiro evento histórico, podemos nos perguntar por que deveríamos nos limitar ao consentimento dado por nossos ancestrais. Uma resposta sugere que damos nosso consentimento (tácito) apenas pela nossa participação na sociedade, desfrutando os benefícios que ela oferece. Mas que outras opções estão abertas para nós? Um contrato legal exige que as partes participem de forma voluntária, mas, no caso do contrato social, as alternativas não só estão indisponíveis como o Estado geralmente usa seus poderes para forçar seu cumprimento.

Há também a dificuldade de o contrato social aparentemente excluir muito do que poderíamos desejar incluir. Mesmo admitindo que o consentimento tenha sido, ou pudesse ser, dado, o que seria daqueles que não têm competência para dar esse consentimento? Teríamos que excluir pessoas com graves deficiências intelectuais, e nenhuma consideração precisaria ser dispensada às futuras gerações de seres humanos. E o que seria dos pobres e despossuídos? Se o Estado é um tipo de barganha entre seus membros, por que aqueles na sociedade que desfrutam de poucos de seus benefícios são obrigados a obedecer às suas regras?

Talvez o aspecto mais vulnerável da versão hobbesiana da teoria seja sua alegação de que os seres humanos são puramente egoístas – que sempre agem apenas em seu próprio interesse. Contra essa visão, indícios evolucionistas e outras evidências científicas sugerem que as pessoas são fundamentalmente animais sociais, com impulsos naturais para o altruísmo e a cooperação. Se for assim, a necessidade de um contrato social que explica como e por que vivemos juntos começa a evaporar.

A ideia condensada
Sociedade por contrato

20 Ética da virtude

Desde o Iluminismo – por cerca de três séculos e meio –, a maioria dos filósofos morais supôs que sua principal tarefa seria explicar o comportamento ético, e não analisar o caráter virtuoso. Eles tendem a se concentrar principalmente em ações, não em agentes – em que tipo de coisas devemos *fazer*, em vez de que tipo de pessoas devemos *ser*. Para esse fim, buscaram descobrir os princípios dos quais depende a obrigação moral, e tentaram formular regras direcionadoras para nos comportarmos de acordo com esses princípios.

Isso não quer dizer que a ideia de virtude tenha sido excluída das discussões seguintes da filosofia moral, mas ela às vezes tem sido vista como secundária ou instrumental: como uma disposição que nos ajuda a fazer o que o dever exige, por exemplo, ou como um meio de alcançar algum objetivo posterior, como utilidade ou bem-estar. Mas nem sempre foi assim – a virtude nem sempre serviu ao dever ou a outro bem além de si mesma.

Para os grandes pensadores da Grécia clássica, especialmente Platão e Aristóteles, a principal preocupação na ética era a natureza da virtude (excelência moral) e o cultivo do bom caráter. A questão principal, na visão deles, não era "qual é a coisa certa a fazer?", mas "qual é a melhor forma de viver?". A preocupação dos gregos com a excelência de caráter era dominante até o começo da Idade Moderna, quando foi em grande parte posta de lado (junto com a filosofia de Aristóteles) por vários séculos. No entanto, a partir de meados do século XX, alguns pensadores começaram a expressar sua insatisfação com a tendência predominante na filosofia moral e a reavivar o interesse pelo estudo do caráter e das virtudes. Esse movimento recente, junto com as visões mais antigas nas quais ele se inspira, é conhecido como "ética da virtude".

Os gregos sobre a virtude De acordo com Aristóteles, ser uma pessoa boa não tem a ver fundamentalmente com fazer o tipo certo de coisas

linha do tempo

Início do século IV a.C.
Platão afirma que virtude é igual a conhecimento.

Meados do século IV a.C.
A ética de Aristóteles prioriza o cultivo do bom caráter.

ou entender certas regras e princípios. Em vez disso, é uma questão de ser ou se tornar o tipo de pessoa que, ao adquirir sabedoria por meio de prática e treinamento adequados, habitualmente se comporta de forma conveniente nas circunstâncias apropriadas. Em resumo, ter o tipo certo de caráter e inclinações, naturais e adquiridas, resulta no tipo certo de comportamento. As inclinações em questão são virtudes, tidas como expressões ou manifestações da *eudaimonia*, que os gregos consideravam o bem maior para o homem e o propósito final da atividade humana. Geralmente traduzida como "felicidade", a *eudaimonia* é mais ampla do que isso e menos subjetiva, mais bem captada pela ideia de "florescimento" ou "desfrute de uma vida boa (bem-sucedida, afortunada)".

> **"O bem do homem é o exercício ativo das faculdades de sua alma em conformidade com a excelência ou a virtude [...] Além disso, essa atividade deve ocupar uma vida inteira, pois uma só andorinha não faz a primavera, nem um belo dia."**
>
> Aristóteles,
> *Ética a Nicômaco*, século IV a.C.

Os gregos falavam muito sobre quatro virtudes cardeais – coragem, justiça, temperança (autocontrole) e inteligência (sabedoria prática) –, mas uma doutrina crucial para Platão e Aristóteles é a chamada "unidade das virtudes". Partindo da observação de que uma pessoa boa deve saber responder com sensibilidade às exigências por vezes conflitantes de diferentes virtudes, eles concluem que as virtudes são como diversas facetas de uma única joia, então não é de fato possível manter uma virtude sem ter todas elas. Em Aristóteles, a posse e o cultivo de todas as várias virtudes significam que o homem bom tem "grande alma" (*megalopsychos*), um modelo de bondade e virtude.

Platão finalmente passa da unidade para a identidade, concluindo que as diferentes virtudes são na verdade uma e a mesma, e que são subsumidas sob uma única virtude – o conhecimento. A ideia de que a virtude é (igual ao) conhecimento levou Platão a negar a possibilidade de *akrasia*, ou fraqueza da vontade: para ele, era impossível "saber o melhor, mas fazer o pior"; comportar-se intempestivamente, por exemplo, não era uma questão de fraqueza, mas de ignorância. (Aristóteles, sempre cuidadoso ao se afastar muito de

---

Século XVII
O início do Iluminismo vê o eclipse da abordagem aristotélica da ética.

1958
O artigo "Modern Moral Philosophy" [A filosofia moral moderna], de Anscombe, estimula o renascimento moderno da ética da virtude.

crenças comuns, rejeitou essa visão.) Para Platão e Aristóteles, comportar-se de forma virtuosa estava inextricavelmente ligado ao exercício da razão, ou escolha racional; e Aristóteles elaborou essa ideia na influente doutrina do meio-termo (áureo) (ver quadro a seguir).

> ## Aristóteles e o áureo meio-termo
>
> "A virtude", escreveu Aristóteles em sua *Ética a Nicômaco*, "é um estado de caráter relativo à escolha, situado no meio que é definido em referência à razão. É um meio-termo entre dois vícios, um de excesso e outro de deficiência". A concepção aristotélica de virtude como um meio-termo é às vezes erroneamente ligada à famosa inscrição no templo de Apolo em Delfos: *meden agan*, "nada em excesso". Mas a ideia de que devemos ser "moderados em todas as coisas" não é o que Aristóteles tinha em mente. Longe de sugerir que devemos sempre, irrefletidamente, encontrar um caminho intermediário, ele insiste que o meio deve ser definido estritamente pela razão, que deve governar nossos instintos mais básicos e não racionais. Por exemplo: a virtude que se situa como um meio-termo entre covardia e precipitação é a coragem. Ser corajoso não é apenas uma questão de evitar ações covardes, como fugir do inimigo, é também necessário evitar bravatas imprudentes e descuidadas, como preparar um ataque inútil que será nocivo a si mesmo e aos companheiros. O ponto-chave é que tudo que fazemos deve ser adequado às circunstâncias, conforme determinado pela sabedoria prática, respondendo com sensibilidade aos fatos particulares da situação.

Ética da virtude moderna Um dos maiores catalisadores do renascimento moderno da ética da virtude foi o artigo "Modern Moral Philosophy", escrito em 1958 pela filósofa inglesa Elizabeth Anscombe. Nesse ensaio, ela capta uma crescente insatisfação com as formas predominantes de teoria ética, principalmente o utilitarismo e o kantismo. Sua principal objeção a essas teorias é que elas mantêm a "concepção legal da ética" – focam conceitos como "moralmente devido" e "moralmente obrigado" – e ainda dispensam a fonte divina de autoridade (Deus) que dá sentido a esses conceitos.

É discutível que Anscombe – ela mesma uma católica romana convicta – estivesse objetando à secularidade de teorias predominantes e recomendando o retorno a algum tipo de teoria moral baseada na religiosidade. Seja como for, muitos filósofos inspirados por seu trabalho assumiram que seu alvo é a "concepção legal" em si – ou seja, a estrutura legislativa da obrigação moral – e, portanto, que ela estava defendendo o tipo de ética secular característica dos gregos antigos. Deliberadamente ou não, Anscombe forneceu estímulo a uma nova geração de eticistas da virtude, que, tomando a iniciativa de Aristóteles e outros, desenvolveram teorias em que ideias como caráter moral, sabedoria prática e virtude em si são priorizadas.

**A ideia condensada
Quem você é, e não o
que você faz**

21 Humanismo

Qual é o significado da vida? Para aqueles com fé religiosa, a resposta é simples em certo sentido: o propósito de nossa vida na Terra é servir a Deus (ou aos deuses). Pode nem sempre ser simples adivinhar a vontade de Deus, ou interpretar as escrituras pelas quais as intenções dele são transmitidas para nós. Mesmo assim, o objetivo – satisfazer os desejos de Deus – é claro. Mas e se não tivermos essa fé? Então não há resposta fácil, nem caminho direto. Humanistas são pessoas que buscam viver vidas significativas sem religião; eles fazem isso de muitas formas – embora possam compartilhar uma visão amplamente similar sobre o mundo –, portanto suas crenças e valores não formam uma única doutrina ou ideologia.

Geralmente, alega-se que as verdades da religião são baseadas na palavra de Deus diretamente revelada; então, com Deus, vem uma grande dose de certeza sobre muitas das questões mais profundas da vida: a origem e a natureza do mundo, o lugar dos seres humanos nele e seu relacionamento com outras criaturas, a forma como as pessoas devem viver e se comportar. A principal motivação por trás do humanismo é a crença de que não há Deus; assim, para os humanistas, todas essas questões estão em aberto. Dispensando as certezas da religião, eles tentam encontrar respostas por si mesmos.

A dignidade do homem   De uma perspectiva religiosa, uma boa vida é aquela vivida conforme Deus deseja que a vivamos; fazer a coisa certa é fazer como ele ordenou. Em última análise, então, a fonte de valor em nossa vida está fora ou além deste mundo. Acreditando que não há Deus, os humanistas não podem olhar para qualquer fonte externa. Para eles, este mundo é tudo que existe, esta vida é tudo que temos: se quisermos fazer algo de bom ou fazer algo de valor, devemos fazê-lo aqui e agora.

linha do tempo

Século IV a.C.	Século III a.C.	Século XV
Aristóteles situa o bem do homem em uma vida virtuosa e racional na Terra.	Os primeiros estoicos enfatizam a necessidade de viver racionalmente de acordo com a natureza.	Os humanistas do Renascimento concentram a atenção na dignidade do homem.

O valor da vida, então – por que ela importa e por que vale a pena viver –, deve estar situado neste mundo e, em particular, na própria natureza humana. A moralidade – que os religiosos podem considerar arbitrária ou relativista sem a autoridade de Deus – está, na visão humanista, enraizada na natureza humana. O senso moral é uma parte intrínseca dessa natureza, fundado na preocupação com os outros e na confiança em seu valor essencial e no valor da sociedade e da amizade. A "fé" do humanista, portanto, está na própria humanidade – no que os humanistas do Renascimento chamavam de "dignidade do homem". No entanto, não é uma fé cega. Os humanistas não ignoram que as pessoas são frágeis e falíveis, mas tendem a ser otimistas em sua visão de que o melhor lado de sua natureza geralmente prevalecerá.

Iluminismos humanistas

Embora os gregos tivessem seus deuses, sua visão comum, tipificada por Aristóteles em particular, era a de que o florescimento humano dependia de as pessoas entenderem seu potencial na Terra levando uma vida de virtude influenciada pela razão. Muitas vezes os filósofos estoicos também se aproximaram do humanismo moderno: acreditavam que poderíamos alcançar o contentamento interior vivendo em harmonia com a natureza e em conformidade com a razão, que era, na visão deles, o princípio organizador do universo. O projeto de compreensão da condição humana sem referência ao divino ganhou força a partir do século XV, quando pensadores renascentistas como Erasmo começaram a celebrar a dignidade essencial da humanidade – embora tentassem fazê-lo sem rejeitar Deus como seu criador. A tensão entre as visões religiosa e humanista se intensificou a partir do século XVII, quando a revolução científica começou a se fortalecer e os pensadores iluministas desafiaram a autoridade da Igreja no que diz respeito a controlar a vida de seus seguidores, proclamando que as pessoas tinham o direito de pensar e escolher por si mesmas.

Fé em liberdade, autonomia e ciência   O projeto de viver uma vida significativa sem religião não envolve qualquer posição ideológica específica. No entanto, a importância atribuída à dignidade humana coloca o humanismo firmemente em uma tradição liberal e, na prática, os humanistas tendem a compartilhar valores liberais. Sua preocupação central é que as pessoas sejam capazes de tirar o máximo de si mesmas, levan-

Século XVII	1859	2002
Pensadores iluministas desafiam a autoridade da Igreja.	A teoria da evolução de Darwin derruba a ideia de origem divina da humanidade.	A Declaração de Amsterdã atualizada apresenta os princípios do humanismo mundial.

do vidas felizes e realizadas, e para esse fim precisam ter a oportunidade de se desenvolver plenamente como indivíduos. Os principais valores liberais de liberdade e autonomia são essenciais para isso: tanta liberdade para pensar e se expressar quanto for compatível com a mesma liberdade para os outros; e o direito de tomar decisões por conta própria e controlar o curso de suas próprias vidas.

Um espiritualismo diferente

As pessoas religiosas dão prioridade ao seu lado espiritual, então talvez não seja surpreendente que tendam a retratar aqueles que não acreditam em Deus como carentes dessa dimensão. Com certeza é verdade que algumas pessoas respondem ao que acreditam ser um universo sem Deus dedicando-se a preocupações materiais, mas não é necessário ser assim. A Declaração de Amsterdã de 2002 – a coisa mais próxima que o humanismo tem de uma declaração de seus princípios – destaca a importância que os humanistas atribuem à "criatividade e imaginação artísticas". Reconhece "o poder transformador das artes" e afirma "a importância da literatura, da música e das artes visuais e performáticas para o desenvolvimento e a realização pessoal". De fato, o humanismo é uma forma de olhar o mundo quase tão longínqua quanto a própria humanidade, e foi inspiração não apenas para filósofos e cientistas, mas para inúmeros artistas e escritores.

As religiões são dogmáticas em suas afirmações – a palavra de Deus não é negociável ou aberta ao debate, e as verdades reveladas nas escrituras sagradas devem ser absolutas e fixas para sempre. Especialmente em suas formas fundamentalistas, as religiões não hesitam em restringir as liberdades que julgam ofender a vontade de Deus. A visão de mundo humanista, ao contrário, rejeitando certezas dogmáticas, é temporária e especulativa. Politicamente, os humanistas tendem a se opor a posições autoritárias e paternalistas; em geral, estão comprometidos com as virtudes liberais da liberdade de opinião e expressão, igualdade de direitos, pluralismo, tolerância e democracia.

Como ateus, os humanistas não aceitam os relatos sobrenaturais do universo – e o lugar dos seres humanos dentro dele – transmitidos pelas religiões. Para eles, o mundo é um fenômeno natural, não uma criação divina, e, como tal, está aberto à explicação racional e à investigação. Em particular, estão comprometidos com uma visão pós-darwinista do *Homo sapiens* como uma das muitas espécies animais –

> **❝O comportamento ético de um homem deveria se basear efetivamente na empatia, na educação e nos laços sociais; nenhuma base religiosa é necessária.❞**
>
> **Albert Einstein,**
> *The New York Times Magazine*, 1930.

uma espécie notavelmente inteligente, sem dúvida, mas não diferente em essência de nenhuma outra. Em geral, os humanistas olham para a ciência como o meio mais confiável de se obter conhecimento; confiam no método característico da ciência, que envolve postular hipóteses que explicam as evidências disponíveis e que são então submetidas a um processo contínuo de confirmação, revisão e rejeição. Onde a mentalidade religiosa é dogmática e infalível, a perspectiva humanista é sempre cética e aberta a correções.

A ideia condensada
Encontrar um propósito sem Deus

22 Niilismo

Derivado da palavra latina para "nada" (*nihil*), niilismo significa "crença em nada". Em relação à ética, o sentido mais extremo é que nada tem valor algum – que nada é certo ou errado, que a vida não tem significado ou propósito. Essa perspectiva profundamente sombria dá à palavra conotações negativas, e é com frequência usada de forma hostil contra aqueles que rejeitam ou não compartilham um conjunto específico de valores.

A palavra "niilismo" também foi associada a várias outras posições menos extremas. Acreditar em nada pode equivaler a *não* acreditar em nada, mas não é preciso um grande esforço para ver isso como acreditar em *algo*. Portanto, posições tão diversas quanto ceticismo moral (que questiona se as verdades éticas podem ser conhecidas) e relativismo moral (que propõe que todos os valores são relativos a uma determinada cultura, tempo etc.) são algumas vezes descritas como niilistas.

Niilismo como antirrealismo Em regra, como posição filosófica, o niilismo ético equivale a uma rejeição do realismo moral: a ideia, em sua forma mais simples, de que os valores morais são fatos objetivos que existem independentemente de nós, e que a verdade das afirmações éticas (como as científicas) depende de sua correspondência com essa realidade externa (ver capítulo 4). O niilismo, então, nega esse cenário e propõe não existir coisas como certo e errado, no sentido de que não há valores morais que justifiquem afirmações feitas nesses termos. Essas afirmações e julgamentos são simplesmente equivocados, e a moralidade, como normalmente entendida, é uma ilusão.

O niilismo, nesse sentido qualificado, equivale basicamente ao antirrealismo, e pode não ser mais do que uma etapa para alguma explicação subjetivista da ética (ver capítulo 5). No entanto, também há ideias mais ricas e mais substantivas que são chamadas de niilistas – crenças sobre a natureza essencial e as limitações da condição humana. Essas ideias estão associadas

linha do tempo

Décadas de 1880 e 1890
As ideias niilistas são exploradas em obras publicadas e não publicadas de Friedrich Nietzsche.

1927
Ser e tempo, de Martin Heidegger, torna-se um texto existencialista seminal.

em particular ao filósofo alemão do século XIX Friedrich Nietzsche e, no século seguinte, aos existencialistas.

"Deus está morto" Nietzsche é um niilista no sentido descrito acima, pois acredita que o mundo não tem estrutura objetiva. Simplesmente não há "mundo verdadeiro", diz ele – nenhuma realidade externa à qual nossas crenças correspondam de forma mais ou menos fiel. Nesse sentido, não há verdade; a razão é impotente; e nosso suposto conhecimento do mundo é apenas perspectivo – ou seja, essencialmente firmado em uma ou outra perspectiva sobre ele. Segundo essa visão, tudo que existe para o mundo é o que escolhemos dar – nenhum valor é absoluto, todos são sem fundamento e humanamente construídos ou criados.

> **A marca do niilismo é a indiferença à vida.**
>
> Albert Camus,
> *O homem revoltado*, 1951.

No entanto, há mais do que isso no niilismo de Nietzsche. Para ele, viver uma vida exige um compromisso ativo com a formação de valores – valores que dão sentido à vida e reforçam a "vontade de potência": o instinto que leva uma pessoa a se desenvolver e crescer. Esses valores, criados ao longo do tempo e compartilhados em uma cultura, são preservados e reforçados por suas instituições sociais, até o momento em que já não sirvam ao seu propósito e parem de ser "afirmadores da vida". Segue-se então uma fase niilista em que esses valores, agora negadores da vida, são expostos como mera superstição. O ciclo é concluído quando novos valores são construídos em seu lugar.

Niilistas sob ataque

Pessoas que têm opiniões firmes sobre questões morais, baseadas em convicções tanto religiosas quanto filosóficas, tendem a apontar aqueles que rejeitam seus pontos de vista como descrentes e, assim, referem-se a eles como niilistas. E porque pessoas com uma visão categórica da vida normalmente têm uma percepção clara do que dá significado a sua própria vida, elas podem supor que seus oponentes não têm essa visão – que suas vidas são inúteis e moralmente falidas. No entanto, embora os niilistas possam tentar minar as visões convencionais ou tradicionais e negar a existência de padrões morais absolutos, os mais interessantes desenvolvem ideias ou estratégias para explicar como podemos nos livrar dos (ou pelo menos sobreviver entre os) destroços de nossas antigas opiniões.

1942
O ensaio *O mito de Sísifo*, de Albert Camus, explora a doutrina do absurdo.

1943
A obra filosófica mais significativa de Jean-Paul Sartre, *O ser e o nada*, é publicada.

Nietzsche acreditava que o mundo de sua época, nas últimas décadas do século XIX, passava por sua maior crise de niilismo. Ao lidar com as implicações de sua própria lógica interna, a busca da verdade, característica do Iluminismo e da revolução científica, havia exposto a falta de fundamentos para essa verdade; os valores que sustentavam o esforço da modernidade pelo progresso ameaçavam minar seus próprios fundamentos ("os valores mais elevados se desvalorizam", como diz Nietzsche). Ele chamou essa grande crise da humanidade – a desintegração de sua base social, política e moral; a perda de propósito e significado; o triunfo do niilismo – de a "morte de Deus". Ele não estava sem esperança de que a crise pudesse ser superada, de que a vida pudesse ser reafirmada. Mas isso não aconteceria tão cedo: porque as pessoas, inconscientes da catástrofe que se desenrolava ao seu redor, continuavam a se agarrar a convicções antiquadas, incluindo as devoções religiosas negadoras da vida.

> **"O que significa niilismo? Que os valores mais elevados se desvalorizam. Está faltando o objetivo; a resposta ao 'por quê?'."**
>
> Friedrich Nietzsche, *Vontade de potência*, 1887.

Confrontando a futilidade As visões niilistas de Nietzsche foram muito influentes no século XX, e não apenas sobre os existencialistas – Jean-Paul Sartre, Albert Camus e Martin Heidegger, entre outros – cujas ideias ganharam destaque nas décadas seguintes à Segunda Guerra Mundial. Ateístas como Nietzsche partem da visão de que não há fonte externa – Deus ou outra coisa – para dar significado ou propósito à vida. Em vez disso, enfrentamos o absurdo: o fato bruto da existência; a gratuidade da vida; o fato de que somos lançados, a esmo, em um universo alienígena e indiferente.

Segundo Sartre, é essa mesma indiferença que nos torna livres para forjar significado para nós mesmos. Apenas fazendo escolhas significativas sobre nossa vida – criando valores e afirmando-os diante da indiferença – podemos viver com "autenticidade". Caso contrário, falhando em assumir a responsabilidade de nossa liberdade e em nos comprometer a criar significado, estamos condenados a viver de "má-fé". Mas com a absoluta liberdade surge a angústia, consciência do esforço para enfrentar a falta de sentido. Essa é a dor e a futilidade da existência que Camus dramatiza em *O mito de Sísifo* (1942): a figura do mito grego, punido pelos deuses e condenado pela eternidade a empurrar uma grande pedra até o topo de uma colina, apenas para vê-la despencar de volta assim que atinge o cume.

A ideia condensada
Acreditando em nada

23 Justiça

"A soberana senhora e rainha de todas as virtudes", escreveu o escritor e político romano Cícero sobre o tema da justiça, "a glória suprema" da excelência moral. Pode ser preeminente, mas justiça é uma ideia complexa. Sem dúvida, é uma coisa diferente para uma pessoa ser justa e para uma sociedade ser justa, e muito debate filosófico se concentrou em como essas distintas formas de justiça estão relacionadas.

No âmago da maior parte das concepções de justiça está a ideia de distribuição de coisas boas e coisas ruins, amplamente definidas. As coisas boas em questão compreendem todos os bens (benefícios e recursos, necessariamente limitados) que as pessoas consideram valiosos ou que são dignos de se ter, como propriedade, riqueza, reputação e posição na sociedade; as coisas ruins incluem os encargos e obrigações que as pessoas geralmente acham indesejáveis e procuram evitar, como pobreza e impostos. A característica de uma pessoa justa é respeitar os bens dos outros, abstendo-se de tomar o que lhes pertence e insistindo em lhes devolver o que é devido. Por outro lado, uma sociedade justa é aquela em que seus membros reconhecem que a distribuição de bens dentro dela não é arbitrária, mas justa ou igualitária. A questão crítica, então, é em que consiste tal equidade: a distribuição de bens entre os membros de uma sociedade deve ser igual ou deve, talvez, depender do que eles merecem?

Os gregos sobre a justiça O filósofo grego Platão faz um relato muito distinto de justiça, mais amplamente apresentado em A *República*. Ele traça um paralelo entre as formas sociais de justiça e o indivíduo – entre a justiça em seu estado ideal e a excelência moral (virtude) nos indivíduos. Ele propõe que a justiça no Estado reside nas três classes de cidadãos (governantes, guardiões, produtores) que alcançam um equilíbrio adequado, ou harmonia social, no desempenho de seus deveres; da mesma forma, o bem-estar moral de um indivíduo depende de um equilíbrio adequado, ou harmonia interior,

linha do tempo

c. 375 a.C.
Platão apresenta a doutrina da justiça como harmonia.

c. 350 a.C.
Aristóteles defende que o aspecto-chave da justiça é tratar casos semelhantes.

44 a.C.
Cícero expõe sua concepção de justiça.

entre as três partes da alma (razão, emoções, apetites). Assim, o homem virtuoso de Platão, que (por analogia com o Estado) é também justo, é guiado pela razão, e é isso que modera as ambições mundanas e as paixões corporais. A justiça assim concebida é uma inclinação completamente interna e não está relacionada a qualquer fator externo, como a disposição de uma pessoa em obedecer às instituições e leis sociais justas. Isso também é muito inconclusivo. As ações justas são simplesmente aquelas impelidas ou sancionadas por uma alma que é harmoniosamente equilibrada da forma que Platão descreve.

> **"Justiça é a vontade constante e perpétua de dar aos outros o que lhes é devido."**
> Imperador Justiniano,
> século VI d.C.

A influência mais importante em relatos posteriores sobre justiça foi exercida pelo contemporâneo mais jovem de Platão, Aristóteles, que identifica a essência da justiça com pessoas "recebendo o que lhes é devido". Em contraste à concepção platônica, a justiça de Aristóteles é externa, pois a ideia de receber o que é devido exige algum tipo de critério externo, e é distributiva, implicando que todos devem obter o quinhão de coisas boas e ruins que merecem ou têm o direito de esperar. A ideia de equilíbrio ou proporção ainda está presente em Aristóteles, mas agora o sentido está limitado a um equilíbrio entre o que as pessoas recebem e o que elas merecem. É essa ideia de equilíbrio que é simbolizada, em um contexto legal, pelos dois pratos da balança que a figura da Justiça personifica.

Sem temor ou favor Além de carregar uma balança com dois pratos, a Justiça personificada está vendada: é obrigada a ser imparcial e equilibrada em seus julgamentos. Mas a justiça não pode ser cega em relação a todas as diferenças: a imparcialidade exige apenas que as diferenças *irrelevantes* sejam desconsideradas. As pessoas devem ser tratadas com igualdade, *a menos que haja boas razões para não o fazer*. O problema é decidir quais diferenças são relevantes.

Ao se determinar uma distribuição justa das coisas boas e ruins da sociedade, pode parecer razoável desconsiderar quaisquer diferenças que as pessoas não possam controlar. Não posso mudar a cor da minha pele ou o local do

1971
John Rawls apresenta sua teoria de justiça como equidade.

2009
Amartya Sen defende uma compreensão pluralista de justiça.

meu nascimento, então esses fatores devem ser tratados como irrelevantes. Mas há muitas coisas sobre a minha vida que estão fora do meu controle. É só o meu maior talento, ou inteligência superior, ou disposição para trabalhar duro, que me traz uma parcela maior de recompensas da vida? Ou é papel de uma sociedade justa equilibrar as desigualdades que de outra forma inevitavelmente surgiriam? De maneira indiscutível, a igualdade pode ser uma parte essencial da justiça, mas a igualdade de oportunidades e de resultados pode significar coisas muito diferentes (ver página 99).

> ## A fábula da flauta
>
> Três crianças estão discutindo sobre quem deveria ficar com uma flauta. Anne reivindica o instrumento alegando que é a única das três que sabe tocá-lo. A segunda criança, Bob, diz que ele deveria tê-lo, porque é tão pobre que não tem outros brinquedos com que brincar. Finalmente, Carla afirma que a flauta deveria ser dela, porque foi ela quem a fez. Então, quem deveria ficar com a flauta? Diante disso, cada criança tem uma alegação plausível, portanto, a arbitragem equânime entre elas exigirá negociação e escrutínio de todas as circunstâncias relevantes. No final, a decisão dependerá do peso relativo dado às necessidades das crianças e de questões como expressão artística e alívio da pobreza.
>
> Essa história é contada pelo economista indiano Amartya Sen em *A ideia de justiça* (2009). Sen argumenta que uma decisão justa e aceitável para todos não pode ser alcançada apenas no âmbito dos princípios, na ausência de debate público e raciocínio. A justiça abstrata pode ser difícil de definir, mas as injustiças no mundo real são palpáveis, urgentes e muitas vezes curáveis, se nos envolvermos em debates públicos e fizermos "comparações de vidas reais". "O que nos move não é a percepção de que o mundo está longe de ser completamente justo – o que poucos de nós esperam –, mas que há injustiças claramente remediáveis ao nosso redor que queremos eliminar."

Rawls sobre a justiça A contribuição mais significativa para o debate sobre a justiça na segunda metade do século XX foi dada pelo filósofo político americano John Rawls. Na construção de sua teoria da justiça social, Rawls aborda a questão sobre qual razão é moralmente suficiente para se afastar do tratamento igualitário. Ele argumenta que pessoas colocadas atrás de um "véu de ignorância" imaginário, que oculta todos os interesses e lealdades pessoais, endossariam o que ele chama de "princípio da diferença" a fim de salvaguardar os próprios interesses futuros (desconhecidos). Segundo esse princípio, as desigualdades na distribuição de bens sociais só são justificadas se resultarem em ganho para os membros menos privilegiados da sociedade, deixando-os em melhores condições do que ficariam de outra forma. Redução de impostos para os ricos, por exemplo, seria justificada, e justa, desde que resultasse em melhoria na fortuna dos menos abastados.

Embora o próprio Rawls fosse essencialmente igualitário em sua perspectiva, seu princípio de diferença pode claramente ser usado para justificar disparidades muito grandes entre os membros menos e os mais favorecidos da sociedade. Sua concepção de justiça social permanece foco do debate e crítica, tanto positivo quanto negativo.

A ideia condensada
A glória suprema das virtudes

24 Igualdade

As questões morais são tipicamente controversas. Em casos como aborto e homossexualidade, por exemplo, as atitudes podem ter mudado de forma drástica ao longo do século passado, mas as opiniões permanecem divididas e o debate é muitas vezes febril. No entanto, em relação à igualdade as coisas são bem diferentes. Há pouco apoio para políticos que se levantam e defendem a desigualdade – pelo menos de forma explícita. Como ideal, a igualdade é praticamente sacrossanta, logo assumida como um componente essencial de uma sociedade justa.

No clima atual, pelo menos nos países ocidentais, as formas mais óbvias de desigualdade, incluindo a discriminação com base em raça, sexo ou deficiência, não são mais aceitáveis, social ou politicamente. É claro que preconceitos desse tipo ainda persistem na mente das pessoas, mas eles geralmente não podem ser exibidos em público sem censura. De fato, a igualdade agora é tão bem estabelecida como princípio de moralidade comum que torna fácil esquecer como seu apelo é moderno e sua realização, imperfeita. Na realidade, a ideia de que todos os seres humanos são (criados) iguais teria parecido absurda e claramente falsa para quase todo o mundo na maior parte da história humana.

Igualdade como um ideal iluminista Foi só nos últimos 350 anos, desde o Iluminismo, que a igualdade foi elevada à sua posição atual como pedra angular do pensamento político e social. A igualdade idealizada promovida pelo filósofo inglês John Locke foi, em muitos aspectos, uma reação secularmente inspirada à suposta "igualdade diante de Deus" que havia dominado os assuntos humanos nos milênios anteriores. A ideia de que todos os homens (e mulheres) eram iguais aos olhos de Deus não apenas não evitava grandes desigualdades entre as pessoas na Terra, mas era, na verdade, usada para justificá-las.

linha do tempo

1690	1776	1789
Dois tratados sobre o governo, de John Locke, é publicado.	Direitos humanos inalienáveis são proclamados na Declaração de Independência dos Estados Unidos.	A *Declaração dos Direitos do Homem e do Cidadão* é publicada pelos revolucionários franceses.

Cem anos depois, em 1776, ao redigir as palavras da Declaração de Independência dos Estados Unidos, Thomas Jefferson santificou a ideia de que há certos direitos naturais e inalienáveis, incluindo "vida, liberdade e a busca da felicidade", que pertencem a *todos* os homens e são para todos os homens *igualmente*. Treze anos depois, esse mesmo ideal se tornou a inspiração para a *Declaração dos Direitos do Homem e do Cidadão*, formulada pelos revolucionários franceses; e com ela veio seu grito de guerra: "liberdade, igualdade, fraternidade".

❝Uma sociedade que coloca a igualdade – no sentido de igualdade de resultados – à frente da liberdade acabará sem igualdade ou liberdade.❞

Milton Friedman,
economista americano, 1980.

Conflito de oportunidade e resultado Locke e Jefferson acreditam em igualdade em termos de direitos iguais – mais importante, o direito do indivíduo de viver sua vida livre de opressão e interferência de outros (inclusive do Estado). Essa concepção, uma visão classicamente liberal, coincide em certos aspectos com o que hoje é chamado de "igualdade de oportunidades". Isso exige que todos sejam iguais perante a lei e que não seja permitido que nenhum obstáculo artificial, como nascimento, raça ou gênero, impeça que as pessoas aproveitem ao máximo seus dons naturais. De forma problemática, essa ideia de igualdade está na verdade em conflito com outra importante concepção: igualdade de resultado (ou condição), na qual todos ocupam uma posição semelhante em termos de riqueza, status e outros "bens" sociais.

Obviamente, não há duas pessoas iguais – todos são muito diferentes em seus talentos e habilidades. Então, é inevitável que, se todos forem tratados igualmente e as mesmas oportunidades estiverem abertas a todos, alguns terão mais oportunidades do que outros e acabarão em diferentes situações sociais e econômicas. Por outro lado, a única forma de se garantir que as pessoas tenham uma posição igual na vida é tratá-las de modo diferente: dar ajuda extra àquelas que são menos talentosas, mais vulneráveis etc.

Estados liberais e estados socialistas Essas duas diferentes ideias sobre o que significa igualdade levam a duas diferentes ideias de como um Estado justo deveria se comportar. Para o liberal, o papel do Estado é forne-

1989
Regimes comunistas entram em colapso na União Soviética e na Europa Oriental.

2007
O capitalismo de livre mercado é drasticamente atingido por uma "crise de crédito" global.

cer uma estrutura de direitos e liberdades iguais que assegure que as oportunidades estejam abertas a todos igualmente; mas não é seu papel interferir daí em diante, em uma tentativa de equilibrar as desigualdades fadadas a emergir nesse sistema. É, efetivamente, uma aristocracia de mérito, em que as elites se formam não com base em nascimento ou riqueza, mas em talento e realização. O Estado liberal, então, é obrigado a fornecer condições de igualdade, mas não pretende que todos os atores sejam igualmente dotados nem tenta garantir que sejam igualmente recompensados no exercício de seus talentos.

> ### Todos os animais são iguais...
>
> Tanto na literatura quanto no pensamento político, a igualdade foi inicialmente reconhecida como um ideal, mesmo quando sua inatingibilidade no mundo real é lamentada. Em *The Prime Minister* [O primeiro-ministro] (1876), de Anthony Trollope, o duque de Omnium (o primeiro-ministro do título) se queixa do fato de que "uma boa palavra significando uma ideia grandiosa foi expulsa do vocabulário de bons homens. A igualdade seria um paraíso, se pudéssemos alcançá-la". Em *A revolução dos bichos* (1945), os porcos tirânicos de George Orwell proclamam cinicamente que "todos os animais são iguais, mas alguns animais são mais iguais do que outros", enquanto em *1984* (1949), do mesmo autor, a misteriosa figura semelhante a Trótski, Emmanuel Goldstein, observa que "nenhum avanço na riqueza, nenhuma suavização de modos, nem reforma ou revolução jamais se aproximaram um milímetro da igualdade humana". Entre os filósofos nunca houve consenso sobre a possibilidade ou aspiração de igualdade. Platão reflete uma visão comum entre seus contemporâneos gregos quando ridiculariza a democracia como uma "forma encantadora de governo" que dispensa "igualdade aos iguais e desigualdade aos desiguais". E para Friedrich Nietzsche, louvando seu heroico *Übermensch* ("super-homem") impulsionado pela vontade de potência de elevar-se acima das massas acorrentadas, a própria ideia de igualdade é repugnante: "A doutrina da igualdade! [...] não há veneno mais venenoso: pois parece ser pregado pela própria justiça, embora seja o fim da justiça".

A visão oposta, geralmente associada ao socialismo, pressupõe que as condições nunca são igualitárias – elas têm que ser criadas e mantidas. A intervenção mínima do Estado liberal é vista como totalmente inadequada para permitir que surja a genuína igualdade. Há sempre inúmeros fatores que limitam a liberdade *efetiva* que as pessoas têm para se satisfazer: por exemplo, privações na infância, educação deficiente e falta de assistência social. Para que os indivíduos realmente sejam iguais, os sistemas públicos de educação e bem-estar social devem ser fornecidos, a pobreza deve ser aliviada por meio da tributação redistributiva e assim por diante. O Estado justo é aquele em que a verdadeira igualdade – ou seja, igualdade de condição – é alcançada pela alocação de recursos com base na necessidade, e não no mérito.

Igualdade na guerra Não é exagero dizer que a segunda metade do século XX foi uma batalha ideológica entre essas duas diferentes visões de igualdade: entre regimes comunistas, supostamente inspirados pela máxima de Karl Marx "a cada um de acordo com sua necessidade", e regimes liberais, supostamente sustentados pelos valores do capitalismo de livre mercado. O fracasso generalizado do comunismo e seu colapso depois de 1989 sugeriram, por um tempo, que a batalha havia terminado. Mas qualquer triunfalismo foi de curta duração, refreado pelos traumas que atingiram o capitalismo global nas décadas que se seguiram. No mundo economicamente castigado do início do século XXI, as desigualdades grotescas persistem, tanto dentro dos países quanto entre eles, mas há pouco consenso sobre a melhor forma de avançar.

A ideia condensada
A pedra angular da justiça

25 Tolerância

É bom permitir que outras pessoas pensem e façam coisas das quais você discorda? Ou coisas que você realmente desaprova? Se a tolerância é uma virtude, deveria ser uma coisa boa. Mas certamente a resposta depende do que as outras pessoas estão fazendo e pensando, e talvez com base em sua discordância ou desaprovação. Vista como uma virtude, então, a tolerância parece um tanto intrigante.

De fato, a ideia de tolerância se situa em uma grande linha de falha ideológica. De um lado da divisa, a tolerância é a virtude iluminista *par excellence*, resumida na famosa observação de Voltaire: "Eu desaprovo o que você diz, mas defenderei até a morte o seu direito de dizê-lo". Sociedades multiculturais liberais não poderiam sobreviver sem tolerância como inspiração. Ela assegura que os cidadãos dessas sociedades sejam autônomos e compreensivos, gozando de direitos que lhes garantem a liberdade para manter as próprias opiniões e que permitem aos outros fazer o mesmo.

Pelo menos, esse é o quadro pintado pelos defensores liberais dessas sociedades. Para os críticos do liberalismo, essas mesmas coisas parecem muito diferentes. Uma visão não ocidental – que atribui grande importância a crenças tradicionais e valores das escrituras – pode ver a tolerância como mera indulgência, permissividade como mero desregramento. Esses críticos dizem que o respeito por outros valores rapidamente se torna respeito por todo e qualquer valor – um tipo de relativismo moral decadente e sem rumo.

O paradoxo da tolerância A ambivalência que envolve o conceito de tolerância é às vezes apresentada como um paradoxo. Parte do significado de tolerância é a ideia de que você atura coisas que desaprova, em situações em que pode fazer algo a respeito, mas escolhe não o fazer. O grau de tolerância exigido é proporcional ao nível de desaprovação: você precisa mostrar alto grau de tolerância para conseguir não intervir em algo que considera desa-

linha do tempo

1689
A *Carta sobre a tolerância*, de John Locke, defende a separação entre Igreja e Estado.

1764
A visão iluminista de tolerância é apresentada no *Dicionário filosófico*, de Voltaire.

gradável ao extremo. Então, aparentemente, é bom deixar coisas ruins acontecerem; e quanto pior forem, melhor.

Essa conclusão paradoxal se torna ainda mais estranha se a tolerância for considerada uma virtude (como muitas vezes é) e se as coisas que podem acontecer forem vistas como moralmente erradas ou ruins. Nessa leitura, é virtuoso – é moralmente bom – deixar algo moralmente ruim acontecer; e quanto pior, maior a virtude exibida. Mas como, moralmente, pode ser bom deixar algo ruim acontecer? Se você pode impedi-lo (o que, por definição, você pode), decerto não deveria fazê-lo?

> **"Pense por si mesmo e deixe que os outros gozem do privilégio de fazer isso também."**
>
> **Voltaire,**
> *Tratado sobre a tolerância*, 1763.

A solução liberal A resposta liberal a esse paradoxo assumiu duas formas. A primeira é elegantemente esboçada por Voltaire no final do artigo sobre tolerância em seu *Dicionário filosófico* (1764):

> Devemos ser tolerantes uns com os outros, porque somos todos fracos, inconsistentes, suscetíveis à inconstância e ao erro. Um caniço curvado na lama pelo vento dirá a outro caniço caído na direção oposta: "Rasteje como eu rastejo, desgraçado, ou devo requerer que seja arrancado pelas raízes e queimado?".

Se a tolerância é uma virtude, a falibilidade humana pode parecer uma base frágil para ela. Mais influente, na tradição liberal, é a defesa feita por John Stuart Mill em seu ensaio *Sobre a liberdade* (1859). Ele argumenta que:

> o modo próprio [de uma pessoa] dispor de sua existência é o melhor, não porque é o melhor em si, mas porque é seu próprio modo. Os seres humanos não são como ovelhas; e mesmo as ovelhas não são indistintamente iguais. Um homem não pode adquirir um casaco ou um par de botas que se ajustem a ele, a menos que sejam feitos à sua medida, ou que ele tenha um armazém inteiro para escolher: e é mais fácil ajustá-lo a uma vida do que a um casaco?

Mill tem uma justificativa dupla para a tolerância. Primeiro, há o fato da diversidade humana, que ele considera inerentemente valiosa. Então, há o

1859
Sobre a liberdade, de John Stuart Mill, defende a tolerância à luz da autonomia humana.

1995
A Unesco publica a *Declaração de princípios sobre a tolerância*.

respeito pela autonomia humana, a capacidade que permite aos indivíduos fazerem as próprias escolhas.

> ### A Unesco sobre a tolerância
>
> Em 1995, a Organização das Nações Unidas para a Educação, a Ciência e a Cultura (Unesco) publicou a Declaração de princípios sobre a tolerância, reconhecendo esse ideal como o princípio orientador no estabelecimento da paz e da harmonia globais. Ela exalta a tolerância como "harmonia na diferença [...] a virtude que torna a paz possível [e] contribui para a substituição da cultura de guerra por uma cultura de paz [...] a responsabilidade que sustenta os direitos humanos, o pluralismo (incluindo o pluralismo cultural), a democracia e o estado de direito".

A suposição compartilhada por Mill e Voltaire é de que as coisas que devemos tolerar nunca são erradas em um sentido absoluto. Ninguém sugeriria que fôssemos tolerantes com, digamos, assassinato – algo que todos concordam estar errado. Mas, para o resto, ninguém está em posição de legislar para os outros, como argumenta Voltaire; e devemos poder fazer nossas próprias escolhas, como sugere Mill. Certamente é preciso haver limites para a tolerância, mas, em geral, as pessoas devem poder pensar e fazer o que gostam, desde que suas ações e crenças não prejudiquem os outros.

> ### Locke e o Estado secular
>
> Uma contribuição seminal ao debate sobre a tolerância religiosa é a *Carta sobre a tolerância* (1689), de John Locke. O principal objetivo de Locke é "distinguir exatamente o papel do governo civil daquele da religião". Ele insiste que não é da conta do Estado interferir no "cuidado das almas" e que, nessa área, a aplicação de suas penalidades é "absolutamente impertinente". Na visão de Locke, o dano está na confusão das funções da Igreja e do Estado, e sua insistência em separá-las estritamente forneceu um dos pilares centrais da sociedade liberal moderna.

Choque de culturas De uma perspectiva religiosa – pelo menos de uma perspectiva fundamentalista –, o problema da tolerância é que há coisas, muitas coisas, que estão erradas (e certas) em um sentido absoluto. O aborto é completamente errado se você é católico romano; publicar uma imagem desrespeitosa do profeta Maomé é absolutamente errado se você é muçulmano. Em geral, essas coisas são erradas porque as escrituras sagradas, contendo a palavra de Deus, dizem isso, ou são interpretadas como dizendo isso. A verdade das escrituras não é matéria de dúvida, algo que as pessoas podem escolher acreditar ou não; portanto, não existe possibilidade de tolerar aqueles que discordam dela.

Talvez essa seja uma visão fundamentalista, mas é muito consistente com a lógica subjacente à maioria das religiões. Por exemplo, tanto o cristianismo quanto o islamismo afirmam ser a única fé verdadeira, e sem dúvida não podem ambos estar certos. Essas religiões são intrinsecamente antagônicas: a ocorrência de cruzadas, inquisições, *jihads* e *fatwahs* ao longo da história não é uma aberração, e não é surpresa que elas sejam intolerantes umas com as outras. Na lógica de sua própria religião, a verdade é tão importante que não é insensato os seguidores fiéis verem como seu dever impor sua visão aos outros.

O ideal liberal de tolerância abrange a liberdade das pessoas de abraçar quaisquer crenças, inclusive religiosas, desde que não prejudiquem os outros. No entanto, o antagonismo inerente entre as religiões faz que seus seguidores ortodoxos, desfrutando direitos e liberdades em um Estado liberal, estejam destinados a entrar em conflito. O antídoto liberal para esse perigo é o secularismo: uma separação clara entre religião – vista como uma questão de observância privada – e Estado, permitindo assim um espaço público neutro onde cidadãos possam se encontrar como iguais e sem preconceito. Porém, de uma perspectiva fundamentalista, a ideia de um Estado puramente secular não é menos intolerável do que a própria tolerância, e é improvável que permaneça inconteste.

A ideia condensada
Uma virtude paradoxal

26 Direitos

Como devemos ser tratados? Quais limites devem ser definidos em nosso comportamento? Ao responder a essas perguntas, geralmente apelamos à noção de direitos: a ideia de que há certas coisas boas que as pessoas têm direito de ter e certas coisas ruins que devem evitar. Esses vários direitos são muitas vezes ditos naturais – pertencentes a todos igualmente em virtude da dignidade que lhes é devida como seres humanos –, mas, na verdade, a natureza e o status dos direitos são contestados.

Os direitos estão ligados a outras ideias éticas, como deveres e princípios. Se matar é errado, isso implica o dever de não matar; as pessoas têm direito à vida. Se o roubo é errado, isso implica o dever de não roubar; as pessoas têm o direito de manter o que possuem – o direito à propriedade. Em outras palavras, os princípios de que matar e roubar são errados implicam os direitos à vida e à propriedade. Um sistema moral – que explica o que devemos e não devemos fazer – pode, assim, ser visto como uma estrutura complexa de direitos entrelaçados e sobrepostos.

Hoje, uma variedade desconcertante de direitos é reconhecida ou garantida – alguns éticos, outros legais, e outros ainda sociais ou informais. Todos esses vários direitos podem ser compreendidos em termos de quatro tipos básicos: liberdade, poder, imunidade e pretensão.

A natureza dos direitos Você tem direito à **liberdade** (ou ao **privilégio**) de fazer algo se não estiver sob a obrigação de não o fazer. Você tem o privilégio da liberdade de expressão desde que não haja nenhuma proibição, legal ou outra, de fazê-lo.

Você tem direito de **pretensão** se um terceiro tiver a obrigação de fazer a você (ou se abster de fazer) alguma coisa. Uma criança tem direito a reivindicar que seus pais lhe deem cuidados adequados e se abstenham de

linha do tempo

1690
John Locke defende que os direitos são naturais, inalienáveis e universais.

1785
O imperativo categórico de Immanuel Kant exige que as pessoas sejam sempre tratadas como fins.

1795
Jeremy Bentham ridiculariza a ideia de que os direitos são naturais.

maltratá-la. Um direito-pretensão implica um dever correspondente – nesse caso, o dever dos pais de fornecer cuidados adequados a seu filho.

Você tem direito de **poder** se tiver habilitado ou legitimado para mudar a forma de outros direitos, sejam os seus próprios ou os de outras pessoas. O direito à propriedade implica o direito de poder acabar com esse direito, vendendo ou transferindo a propriedade para outro. Os direitos à privacidade e ao anonimato implicam os direitos de poder renunciar a esses direitos.

Você tem direito à **imunidade**, em relação a um terceiro, se esse terceiro não tiver o direito de poder mudar seus direitos de alguma forma. Sob a Quinta Emenda da Constituição dos Estados Unidos (1789), uma testemunha não pode ser obrigada a fornecer provas que possam incriminá-la. Esse direito é uma imunidade contra a autoincriminação.

O problema do trunfo Os direitos são geralmente percebidos como tendo uma força especial que lhes confere o poder de se sobrepor a outras considerações: os direitos são tidos como "trunfos" – têm prioridade sobre as razões que apontam para um curso diferente de ação. Por exemplo, o direito a um julgamento justo é uma razão suficiente para que as pessoas não sejam presas sem julgamento, mesmo que (digamos) razões de segurança nacional sugiram o contrário. Da mesma forma, o direito à vida exige que uma pessoa inocente não seja sacrificada, mesmo que muitas vidas inocentes fossem assim salvas.

Vida, liberdade e a busca da felicidade

As origens modernas dos direitos humanos (embora não o nome) devem ser encontradas com maior destaque nas obras do teórico político inglês John Locke. Escrevendo na esteira da Revolução Gloriosa inglesa de 1688, Locke defende que os seres humanos são dotados de certos direitos naturais, que brotam da natureza essencial do homem e pertencem evidentemente aos indivíduos, em virtude de sua humanidade. Por essa razão, eles são inalienáveis (não podem ser renunciados) e universais (pertencem a todas as pessoas igualmente). Os três principais direitos nomeados por Locke – vida, liberdade e propriedade – foram notoriamente ecoados na redação de Thomas Jefferson da Declaração de Independência dos Estados Unidos (1776), em que ele afirma como verdade evidente por si mesma que "todos os homens são criados iguais; que são dotados pelo Criador de certos direitos inalienáveis; que entre estes estão a vida, a liberdade e a busca da felicidade".

1948
As Nações Unidas adotam a Declaração Universal dos Direitos Humanos.

1977
Ronald Dworkin introduz a ideia de direitos como trunfos.

No entanto, na prática, as questões não são tão simples. Por um lado, os direitos são conflitantes e concorrentes. Por exemplo, o direito da imprensa à liberdade de expressão pode violar o direito individual à privacidade. O rei dos trunfos sempre bate a rainha, mas um direito pode triunfar sobre outro em determinado contexto, e não em outro. A vida real é confusa: o "interesse público" é mantido para justificar, em alguns casos, mas não em outros, a imprensa que viola a privacidade de alguém. Os direitos podem dar bons motivos para certo curso de ação, mas os motivos são raramente, ou nunca, conclusivos. O fascínio dos direitos é que, em parte, parecem oferecer uma orientação clara. Se perdem essa aura de certeza e clareza, alguns de seus apelos se perdem também.

> ## Direitos positivos e direitos negativos
>
> Especialmente em contextos políticos, os direitos são muitas vezes diferenciados como negativos ou positivos. Essa distinção reflete aquela entre os conceitos negativos e positivos de liberdade (ver página 43). Seu direito de fazer o que quiser na privacidade da sua casa é um direito negativo, pois é necessário apenas que os outros se abstenham de interferir nele devido ao seu direito de ser respeitado. Em contrapartida, o seguro-desemprego e outros benefícios sociais são direitos positivos, pois outros são obrigados a fornecer algum bem ou serviço se esses direitos devem ser preservados.

A base dos direitos A visão comum é de que direitos devem ser respeitados porque são, além de outras considerações, prerrogativas fundamentais das quais os seres humanos são naturalmente dotados. Esses direitos são naturais na medida em que estão arraigados em atributos essenciais da natureza humana, como racionalidade e autonomia. Como seres humanos, temos uma dignidade inerente: os direitos são uma expressão ou um reflexo do nosso valor essencial, e violar esses direitos é nos desvalorizar.

Essa compreensão dos direitos, vendo-os como prerrogativas merecedoras de respeito por si mesmas, acomoda-se mais confortavelmente na tradição ética baseada no dever (deontológica), que remonta a Immanuel Kant. Sua formulação do imperativo categórico, que exige que os seres humanos sejam sempre tratados como fins, nunca como meios, fornece um significado similar à dignidade humana (ver páginas 56 e 57). Não se recomenda essa abordagem, que parte da natureza do portador de direitos, aos consequencialistas, que – no caso de direitos como em outros – insistem em que começamos observando os resultados e fazemos o caminho de volta para determinar a natureza dos direitos. Normalmente direto, o pioneiro do utilitarismo Jeremy Bentham descreveu os direitos naturais como "simples absurdo [...] direitos naturais e imprescritíveis [inalienáveis], absurdo retórico – absurdo sobre pernas de pau". Sua opinião é de que um direito é "o filho da lei", ou seja, uma questão de convenção humana. Dessa perspectiva, os direitos são essencialmente instrumentais, justificados – como qualquer outra coisa – se tendem a produzir um estado ótimo de coisas, a serem medidas (na visão de Bentham) em termos de utilidade, ou felicidade humana.

Os acertos e os erros dos direitos A compreensão da moralidade em termos de direitos transfere a atenção das ações para os agentes, como portadores de direitos. Concentrar-se nas pessoas e no que é devido a elas tem vantagens. O movimento dos direitos humanos (no sentido mais amplo) tem suas origens no Iluminismo, quando a dignidade do homem foi elevada como nunca por filósofos e revolucionários. Uma crítica comum é de que o foco no indivíduo promoveu o individualismo e a negligência das virtudes sociais, como a caridade e a benevolência. Outra crítica, relacionada à primeira, mas não inteiramente consistente, é de que a atenção aos direitos e não aos deveres – no que as pessoas devem receber, em vez de no que podem dar – encorajou uma cultura de egoísmo e dependência.

> **Todos os seres humanos nascem livres e iguais em dignidade e em direitos. Dotados de razão e de consciência, devem agir uns para com os outros em espírito de fraternidade.**
>
> Declaração Universal dos Direitos Humanos das Nações Unidas, 1948.

A ideia condensada
Dons naturais – ou absurdo sobre pernas de pau?

27 Altruísmo

A ideia de altruísmo – promover abnegadamente o bem alheio, sem considerar os próprios interesses – sempre desempenhou um papel fundamental na ética, tanto religiosa quanto filosófica. O comportamento altruísta é visto não só em indivíduos que beneficiam outros – por exemplo, mediante atos de generosidade, misericórdia, caridade ou filantropia –, mas também em organismos abstratos, incluindo o Estado, que podem ser responsáveis por benefícios como bolsas de estudo, ajuda externa e socorro em situações de desastres.

Na ética religiosa, o altruísmo e sua parente próxima, a benevolência – a disposição de se comportar de forma altruísta ou gentil com os outros –, em geral têm sido considerados inequivocamente bons; eles são, por exemplo, pedras angulares da moralidade cristã. Em termos filosóficos, a noção de altruísmo é um pouco mais controversa. Por um lado, foram levantadas dúvidas sobre o valor moral da filantropia e da caridade, pois implicam uma relação inerentemente desigual entre uma pessoa que tem mais dinheiro (ou outro bem) do que precisa e outra que não tem o bastante; portanto, às vezes, podem servir como disfarce para um desequilíbrio ou disfunção social mais amplos.

> "O objeto dos atos voluntários de todo homem é um bem para aquele que age."
>
> Thomas Hobbes, 1651.

Dever? Outro ponto em aberto é em que medida atos benevolentes são uma questão de dever. Se a justiça consiste em dar às pessoas o que lhes é devido (como pensava Aristóteles), parece haver um dever ou obrigação de se comportar de forma justa. Se a benevolência consiste em dar às pessoas *mais* do que lhes é estritamente devido, ser benevolente parece estar além do chamado do dever, ou de ser uma opção, sob uma perspectiva moral – um ideal moral, talvez, mas não um dever. Muitos filósofos têm uma visão diferente e argumentam que demonstrar preocupa-

linha do tempo

Século V a.C.	1651	1740
Os sofistas de Atenas defendem que as pessoas agem e devem agir em seu próprio interesse.	Thomas Hobbes assume o egoísmo psicológico como base para sua teoria política.	David Hume defende que humanos são movidos pelo senso moral de "empatia".

ção benevolente com os outros é uma exigência moral. Mas, se for assim, quanto é necessário? Que limite pode ou deve ser estabelecido na benevolência?

De forma mais fundamental, os filósofos há muito tempo se dividem quanto a se o altruísmo realmente existe. Vários sofistas gregos antigos – basicamente filósofos contratados –, que se envolviam em discussões com o Platão de Sócrates, supunham claramente que a benevolência para com os outros era uma farsa e que o verdadeiro motivo, se você fosse além da superfície, era sempre o interesse próprio. Em épocas mais recentes, certos filósofos propuseram que as pessoas são, na verdade, motivadas apenas pela preocupação com os próprios interesses (egoísmo psicológico). Alguns, incluindo Friedrich Nietzsche no século XIX e Ayn Rand no século XX, rejeitaram explicitamente o altruísmo e endossaram um tipo de egoísmo ético – a visão de que as pessoas deveriam fazer o que é de seu próprio interesse.

Podemos ser abnegadamente bons para com os outros? Há uma linha informal de argumentação muito usada para mostrar que qualquer ato (aparentemente) altruísta é realizado apenas a partir do interesse próprio. Se você ajuda uma pessoa dando a ela 10 reais, está evidentemente motivado a ajudá-la – você deve, de algum modo, *desejar* ajudá-la; e, ao ajudá-la, você decerto satisfaz esse desejo. Mas se age de forma a satisfazer seu próprio desejo, seguramente deve estar agindo em interesse próprio, e não por consideração aos outros. Seguindo essa linha de raciocínio, sugere-se que toda ação é de interesse

Uma tirania contra a natureza

Um dos mais violentos ataques contra o altruísmo (e a moralidade convencional em geral) foi lançado pelo filósofo alemão Friedrich Nietzsche no final do século XIX. Ele considerava a benevolência uma "tirania contra a natureza" – uma inversão ou perversão da ordem natural. Incitados pela Igreja cristã e movidos por ressentimento e ciúme, os fracos e os feios iniciaram uma "revolta de escravos" contra os fortes e os belos. Acuados pelas armas de remorso e culpa da moralidade, os melhores e mais nobres da humanidade, involuntariamente coniventes com a própria opressão e escravidão, ficaram cegos para seu verdadeiro e natural objetivo: a vontade de potência.

> **"Muitas vezes, os homens agem conscientemente contra o próprio interesse."**
> David Hume, 1740.

1859
Charles Darwin explica a evolução por seleção natural em *A origem das espécies*.

1887-1888
Friedrich Nietzsche ataca o papel do altruísmo como enfraquecedor do verdadeiro eu.

1964
Ayn Rand defende o egoísmo ético, a "virtude do egoísmo".

> ### Altruísmo biológico e seleção de parentesco
>
> Desde a revolucionária obra de Charles Darwin, as dúvidas filosóficas sobre altruísmo foram reforçadas por questões biológicas. A chave para a evolução darwinista é a sobrevivência do mais apto – *grosso modo*, indivíduos que possuem características (hereditárias) que lhes permitem sobreviver por mais tempo geralmente produzem mais descendentes e transmitem mais dessas características para a geração seguinte. Dado esse mecanismo, como pode resistir uma inclinação a se colocar os interesses dos outros à frente dos seus? A teoria evolucionista tem uma resposta: seleção de parentesco. Ocorre que não é a sobrevivência de um indivíduo altruísta que importa, mas a sobrevivência do material genético que contribuiu para sua inclinação altruísta – e isso pode ser alcançado por meio de descendentes e outros parentes que compartilham alguns dos mesmos genes. Isso explica por que algumas espécies de cervos e macacos, por exemplo, dão sinais de alerta quando um predador está próximo, apesar de se arriscarem ao fazê-lo. Também pode explicar em parte como o comportamento altruísta evoluiu em humanos. O problema, porém, é que o altruísmo biológico desse tipo não é altruísmo "real": ainda envolve o interesse próprio (final) do agente – ou pelo menos o interesse de seus genes.

próprio e, portanto, que o egoísmo psicológico é verdadeiro e o altruísmo, impossível – por definição.

Entre as deficiências desse raciocínio, destaca-se uma compreensão inadequada da motivação. Mesmo que ambos os agentes sejam motivados pelo interesse próprio (nesse sentido atenuado), claramente desejamos distinguir entre aquele que dá 10 reais não esperando receber algo em troca (exceto, talvez, ter seu desejo satisfeito) e outro que o faz esperando um retorno (talvez também como satisfação do seu desejo). No final, pode ser impossível saber com certeza o que incentiva as pessoas – o que "as motiva" –, mas sem dúvida podemos entender melhor se olharmos, além do significado das palavras, para como as coisas realmente funcionam no mundo.

> **"A severa disciplina da natureza impõe a ajuda mútua pelo menos tanto quanto a guerra. O mais apto também pode ser o mais gentil."**
> Theodosius Dobzhansky, 1962.

O teórico político Thomas Hobbes é frequentemente citado como um egoísta psicológico porque assume que as pessoas no "estado de natureza" (ou seja, antes do advento do Estado) são essencialmente voltadas ao interesse próprio, preocupadas apenas em preservar a própria pele (ver página 79). Sua visão é de que os seres humanos são *em essência* individualistas, vivendo cooperativamente na sociedade apenas porque esse é o meio mais seguro de sobreviver. No entanto, há muitas evidências empíricas do outro lado – partindo da ciência e de nossos próprios olhos – para sugerir que somos de fato essencialmente animais *sociais*. A certeza pode não ser adequada nessas questões, mas talvez seja mais provável que concordemos com o filósofo escocês David Hume, que argumentou contra Hobbes que "a voz da natureza e da experiência parece se opor claramente à teoria do egoísmo".

A ideia condensada
Benevolência – altruísta ou egoísta?

28 Amizade

"Ninguém escolheria ter todas as coisas boas que existem se tivesse que as desfrutar sozinho", observou Aristóteles, "pois o homem é um ser político e está em sua natureza viver em sociedade. Até mesmo o homem feliz, portanto, vive em sociedade, porque ele tem tudo que é bom por natureza. E evidentemente é melhor passar o tempo com amigos e bons homens do que com estranhos ou conhecidos casuais. Portanto, o homem feliz precisa de amigos."

Na *Ética a Nicômaco*, o filósofo grego Aristóteles defende que a amizade é um componente essencial da boa vida. Citando o ditado popular "qual a necessidade de ter amigos quando a sorte sorri?", ele desafia a visão de que amigos são necessários apenas em tempos de adversidade. Muito pelo contrário: eles estão entre os maiores bens que ajudam o homem no caminho do autoconhecimento e da *eudaimonia*, o estado de "felicidade" – florescimento e bem-estar –, que é o próprio objetivo da atividade humana.

> **"O que é um amigo? Uma única alma habitando dois corpos."**
> Aristóteles, século IV a.C.

Um antídoto contra o egoísmo A afirmação de Aristóteles de que um amigo é "outro eu" influenciou muitas análises posteriores de amizade. Enquanto algumas supostas amizades são feitas por prazer ou proveito, a amizade propriamente dita é descrita de várias formas como um vínculo entre indivíduos, uma união de mentes, até mesmo uma identidade compartilhada, na qual cada um deseja ao outro o que deseja a si mesmo. Ter interesses e valores similares pode plantar as sementes da amizade, mas essa semelhança de perspectiva é dinâmica, enriquecendo gradualmente o caráter de cada amigo à medida que o relacionamento amadurece.

Para Aristóteles e outros, o aspecto crucial da verdadeira amizade é que ela necessariamente incorpora uma preocupação com o bem alheio semelhan-

linha do tempo

Século IV a.C.	Século IV a.C.
Aristóteles explora a ideia de amizade em *Ética a Nicômaco*.	Aristóteles, na *Magna Moralia* (atribuída a ele), compara a amizade a um espelho.

te à que temos com nosso próprio bem. Passamos a amar nossos amigos tanto quanto nos amamos e a desejar o que é melhor para eles, puramente por eles mesmos. Essa preocupação altruísta com o bem-estar do outro, tão central à experiência de amizade, é um forte antídoto para a visão (compartilhada por filósofos e pessoas comuns) de que a principal motivação por trás da atividade humana é o egoísmo – de que tudo que fazemos é feito, em última instância, em nosso próprio interesse. Em vez disso, a amizade apoia a ideia de que os humanos são naturalmente seres altruístas e sociais (ver capítulo 27).

O espelho da alma

Na *Magna Moralia* (um tratado atribuído a Aristóteles que resume sua visão ética), Aristóteles compara notoriamente a amizade a um espelho para explicar seu papel na conformação do desenvolvimento moral de uma pessoa. Meu conhecimento do meu próprio caráter é necessariamente limitado e imperfeito. Portanto – como a amizade depende da similaridade de caráter –, um amigo pode servir como um espelho em minha própria alma, permitindo-me ter uma visão mais completa e verdadeira de mim mesmo. Dessa forma, a amizade promove o autoconhecimento que é essencial para que um indivíduo alcance a *eudaimonia* – a felicidade, ou florescimento humano, que é o maior bem e o apogeu da filosofia.

Uma pedra no sapato da teoria ética   Outro aspecto da amizade é que amigos podem procurar um pelo outro em busca de apoio. Nesse sentido, assemelham-se aos membros de uma família. Geralmente não é dito, mas há uma confiança, uma expectativa de que um amigo (ou um membro da família) estará presente para ajudar em momentos de necessidade, grande ou pequena. Você pode, por exemplo, ajudar um amigo em uma caminhada beneficente, mesmo que não seja completamente simpático ao objetivo da caridade. Então, quando questionado sobre o motivo de ter concordado em arrecadar dinheiro para comprar sapatinhos para cachorros abandonados, você dirá que fez isso "por amizade". Você não fez o que fez – e sentiu que *deveria* fazer o que fez – porque a causa era boa, ou porque os cachorros abandonados não deviam ficar com as patas geladas; a única

1998

O Ursinho Puff é nomeado embaixador mundial da amizade.

O melhor amigo do homem?

Com certeza podemos amar nossos animais de estimação – mas o amor muitas vezes não é correspondido. Podemos realmente ser amigos de cães, gatos, hamsters, cobras, peixes dourados e outros animais que levamos para nossa casa como companheiros? Muitas pessoas os tratam como membros da família e não questionam a obrigação de alimentá-los e suprir suas necessidades. Mas, se a amizade implica uma reciprocidade de sentimentos e uma interação de mentes, será que esses adoráveis hóspedes podem verdadeiramente ser amigos? E se não são nossos amigos, podemos justificar as obrigações especiais que sentimos em relação a eles? Devemos gastar muitos bilhões em ração e medicamentos – sem mencionar sapatinhos para todas as estações do ano – quando há muitos milhões de nossa própria espécie que precisam desesperadamente dessas mesmas coisas (bem, talvez não os sapatinhos de cachorro)? Animais e humanos, amigos e desconhecidos: essas questões destacam até que ponto nossas prioridades morais em relação aos nossos semelhantes são confusas e inconsistentes.

motivação, nesse caso, foi seu relacionamento com a pessoa que lhe pediu para fazê-lo.

Em outras palavras, esperamos que as pessoas favoreçam seus amigos (e familiares), para mostrar predileção por eles. O senso comum sugere que há obrigações especiais devidas a amigos, deveres baseados em considerações pessoais. Mas isso é problemático para a teoria ética, que tende a priorizar o universal sobre o particular ou o pessoal. O consequencialista (utilitarista ou outro) diz que devemos fazer tudo aquilo que produza o melhor estado de coisas (em que "melhor" significa o maior ganho em utilidade, felicidade etc.); um deontologista, defendendo uma moralidade baseada no dever, insiste que há certas coisas que devemos fazer porque são certas em si mesmas. Nenhuma abordagem se conforma com o tipo de preocupação, parcial e pessoal, que é aparentemente um elemento essencial da amizade.

> **"O bom homem se relaciona com seu amigo como se relaciona consigo mesmo, pois seu amigo é o outro eu."**
>
> **Aristóteles,**
> *Ética a Nicômaco*, século IV a.C.

Então, parece que essas teorias são de alguma forma deficientes, ou que a visão comum de que há certas coisas que devemos fazer pelos amigos *por* serem amigos é infundada. No mínimo, se as teorias são sólidas, deve significar que os deveres de amizade não são deveres *morais*; e quando as exigências da amizade e da moralidade se chocarem em algum momento – algo que inevitavelmente acontecerá –, isso deve significar que as primeiras são, em certo sentido, *imorais*.

De fato, há situações em que as pessoas favorecem os amigos quando não deveriam; até mesmo pais favorecem os filhos quando não deveriam. Ainda assim, é perturbador que a teoria ética não consiga se adaptar ao tipo de consideração pessoal que nos motiva a fazer muito do que fazemos. Questões de amizade sugerem que a tendência dos teóricos de se concentrar em ações em vez de em agentes – para focar o que devemos fazer, e não quem está fazendo – pode levar a uma imagem distorcida da moralidade.

A ideia condensada
A amizade nos faz errar?

29 Heróis e santos

Um pelotão de soldados está envolvido em um exercício de treinamento usando granadas de mão. De repente, uma granada escapa da mão de um dos soldados, pondo em risco a vida de todos os homens. Logo em seguida, um deles se lança sobre a granada solta, absorvendo a explosão com o próprio corpo e sacrificando a vida para salvar os colegas.

O que devemos pensar do comportamento do soldado? Se ele não tivesse se jogado sobre a granada, dificilmente diríamos que falhou em seu dever, que de algum modo agiu de maneira errada. Também não culparíamos nenhum dos outros soldados por não tentar ser o único a se sacrificar. Em vez disso, destacaríamos o homem para um elogio especial. Se nosso dever é o que devemos fazer e o que se espera que façamos, seu ato de bravura foi *além* do chamado do dever: nós o admiramos por fazer o que fez, mas não o teríamos culpado se tivesse agido de forma diferente.

Atos supererrogatórios Parece bastante natural ver a moralidade como se operasse em dois níveis. De certa forma, há coisas que somos moralmente compelidos a fazer: obrigações básicas que são uma questão de dever e estabelecem o padrão mínimo da moralidade comum. Muitas vezes, as coisas são colocadas de forma negativa, como obrigações com as quais falhamos ao não cumprir: devemos não roubar e não matar. Esperamos cumprir essas obrigações e esperamos que os outros façam o mesmo.

Além desses deveres morais comuns, há, em um nível mais elevado, ideais morais. Esses são muitas vezes expressos positivamente e podem ficar em aberto: assim, enquanto há deveres comuns de não roubar e não matar, a grande generosidade é um ideal, em princípio, ilimitado. Esse comportamento vai além do que é exigido pela moralidade comum e se enquadra em uma categoria de supostos "atos supererrogatórios" – atos que são louváveis se realizados, mas não censuráveis se omitidos. Tais ações são da alçada de heróis e santos. Essas pessoas podem ter ideais que lhes façam agir de deter-

linha do tempo

1785
Immanuel Kant afirma o valor supremo da ação moral em *Fundamentação da metafísica dos costumes*.

Séculos XVIII-XIX
As bases do utilitarismo clássico são estabelecidas por Jeremy Bentham e John Stuart Mill.

minada maneira, e elas (e somente elas) podem se culpar se não conseguirem viver de acordo com eles. Mas esses ideais são essencialmente autoimpostos, determinando um senso de dever *pessoal* que não pode ser razoavelmente esperado dos outros.

Conselhos de perfeição

O cristianismo tem uma relação complexa com "atos supererrogatórios" – atos cujo desempenho vai além do que é exigido por Deus. No Evangelho de Mateus, um jovem rico pergunta a Jesus o que ele deve fazer para ganhar a vida eterna. Jesus lhe diz para obedecer aos mandamentos de Deus; quando ele responde que já os observa, Jesus diz: "Se queres ser perfeito, vai, vende teus bens, dá-os aos pobres e terás um tesouro no céu". De acordo com o ensinamento cristão, a pobreza voluntária (junto com a castidade e a obediência) é um dos três "conselhos de perfeição" – condições que não são necessárias, mas que ajudam a libertar a alma das distrações mundanas. Então, por que não é dever dos cristãos obedecer a esses conselhos, se assim são levados para mais perto de Deus? A resposta parece ser surpreendentemente pragmática: nem todos os cristãos são fortes o bastante para seguir esses caminhos glorificados, e espera-se que cada um encontre o próprio caminho até Deus. Em termos práticos, é fácil entender por que líderes da Igreja primitiva estavam ansiosos para não tornar a castidade universal um requisito.

Fazer o bem pode ser opcional? De uma perspectiva teórica, a ideia de que há bons atos que não são obrigatórios pode parecer problemática. As teorias sobre como devemos entender a moralidade são tipicamente baseadas em alguma concepção do que é bom; o que está certo e o que está errado são então definidos por referência a esse padrão. Mas se algo manifestamente satisfaz – na verdade supera – esse padrão, como pode não ser exigido que o façamos?

> **"O homem comum está envolvido em ação, o herói age."**
> Henry Miller,
> escritor americano, 1952.

De acordo com o utilitarismo clássico, uma ação é boa se aumenta a utilidade geral (felicidade, segundo Bentham e Mill), e a melhor ação em qualquer situação é a que produz mais utilidade. Mas se fazer a coisa certa é produzir o

1958
A história do bravo soldado com a granada é contada pelo filósofo britânico J. O. Urmson.

máximo de utilidade possível, então só há um curso de ação certo – isto é, aquele que maximiza a utilidade. Isso é o que você deve fazer, mesmo que signifique gastar cada minuto servindo aos outros, dar o último centavo que tiver para aliviar a pobreza, negligenciar as próprias preocupações imediatas (incluindo sua família) – desde que, em cada caso, você maximize a utilidade no geral. Para o utilitarista, parece não haver atos supererrogatórios.

Levando para o lado pessoal Atualmente, há utilitaristas comprometidos que aceitam essa conclusão. Eles negam que seja permissível, em qualquer situação, não fazer o melhor (ou seja, aquilo que maximiza a utilidade), e insistem que alteremos nosso modo de vida para agir de acordo com isso. É claro que sempre houve santos, literais e metafóricos, que desistiram de tudo para dedicar a vida a fazer o que achavam certo. Mas qualquer teoria ética que *exija* que nos comportemos dessa forma está fadada a rotular a maioria de nós como fracassos morais. Isso não torna a teoria errada, mas a faz parecer extremamente idealista.

Teóricos mais pragmáticos tentam explicar ou minimizar o aparente conflito com a moralidade comum. Uma estratégia é recorrer a alguma forma de isenção ou atenuação que justifique a não realização de uma prática que de outra forma seria obrigatória. No caso da granada, por exemplo, podemos dizer que o simples perigo pessoal envolvido justifica que o soldado não se sacrifique. Seria imoral não estender um braço para salvar uma criança se afogando em um lago, mas teríamos uma visão diferente de alguém que não nadou em um mar tempestuoso para fazê-lo. Ou eu poderia não me sentir obrigado a doar minha riqueza para aliviar a pobreza, com base no fato de que tenho compromissos pessoais, como meus filhos para sustentar.

Na vida real, recorremos a esses fatores atenuantes o tempo todo. O problema é que a introdução de considerações *pessoais* desse tipo está fadada a entrar em conflito com as ideias de imparcialidade e universalidade que são centrais à maioria das teorias éticas. É claro que isso pode ter dois lados: se o conflito é real e exige que modifiquemos ou a moralidade "comum" (nossas intuições de senso comum e afins) ou a teoria moral, a maioria das pessoas diria que a última deveria recuar. Mais uma vez, isso não faz que a maioria das pessoas esteja certa, mas também há vários filósofos que acham que o fracasso do utilitarismo, em particular, em considerar adequadamente reflexões e compromissos pessoais, prejudica muito sua credibilidade (ver capítulo 30).

**A ideia condensada
Além do chamado
do dever**

30 Integridade

**George é um químico experiente precisando desesperadamente de um emprego para sustentar sua jovem família. Uma vaga com um bom salário surge em um laboratório dedicado à pesquisa de armas biológicas e químicas. Mas George é um pacifista comprometido, profundamente contrário a essa pesquisa. O emprego lhe é oferecido, e ele descobre que, se recusar a vaga, ela será preenchida por outro candidato que, sem dúvida, fará o trabalho com muito mais empenho do que ele.
George deveria aceitar o emprego?**

Diferentes teorias morais podem chegar a diferentes conclusões sobre essa questão. O veredicto utilitarista provavelmente será que George deve aceitar o emprego: suas objeções de consciência devem ser pesadas na balança da utilidade geral contra o bem-estar de sua família, o dano potencial que o outro candidato pode causar e assim por diante. Por outro lado, um kantiano poderia argumentar que a proibição absoluta de matar, ou de ajudar a matar, é o que importa aqui, e que nenhuma quantidade de boas consequências deve ser mais importante do que isso.

O autor dessa história, o filósofo inglês Bernard Williams, não está muito preocupado com o *resultado* das deliberações de George – se este ou aquele sistema emite a resposta "certa" nesse caso. Sua preocupação é com a natureza das próprias teorias morais e sua ambição de sistematizar nossa vida moral: supostamente descobrir – na verdade, criar – uma estrutura organizada e independente em que princípios são invocados e regras são aplicadas para resolver dilemas morais. Essas teorias subestimam ou ignoram por completo o significado da ação moral, deixando de captar a relação essencial entre um agente moral como George e sua conduta. No caso de George, as teorias não reconhecem até que ponto sua identidade moral é determinada por compromissos pessoais ou "projetos estruturantes", como seu pacifismo. Essencialmente, essas são as coisas que fazem George ser

linha do tempo

1785	Séculos XVIII-XIX
Immanuel Kant apresenta sua teoria moral em *Fundamentação da metafísica dos costumes*.	As bases do utilitarismo são estabelecidas por Jeremy Bentham e John Stuart Mill.

George e dão sentido a sua vida; o fracasso em considerá-las de maneira adequada em sua tomada de decisão moral efetivamente enfraquece sua "integridade" – literalmente, sua "totalidade" como agente moral.

Uma visão a partir do nada   A objeção central de Williams diz respeito à noção de imparcialidade que se situa no cerne de sistemas éticos como o kantismo e o utilitarismo. Essa não é a conhecida e irrepreensível imparcialidade que exige que não deixemos nossos julgamentos morais se tornarem obscurecidos ou distorcidos por inclinações ou preconceitos irrelevantes. Em vez disso, o problema para defensores de uma ou de outra teoria ética é que, ao buscar sistematicamente evitar as inclinações da perspectiva individual, eles insistem em adotar uma perspectiva que não é em hipótese alguma uma perspectiva. Por exemplo, o filósofo vitoriano Henry Sidgwick propõe que o utilitarista deveria assumir o "ponto de vista do universo". Mas o que, podemos nos perguntar, significa ver as coisas dessa perspectiva?

Williams argumenta que é simplesmente absurdo, na área de tomada de decisões *práticas* – ao decidir o que devo *fazer* –, desconsiderar o fato de que a perspectiva envolvida é a minha própria, e fazer disso condição de qualquer procedimento. A questão da moralidade é *essencialmente* pessoal: pedir a um agente moral para se "colocar acima" da perspectiva pessoal – ignorar, efetivamente, que determinada ação é sua ação, parte necessária de sua história de vida – é entender muito mal a natureza da ação. Williams sugere que a ideia de "ação imparcial" é absurda, e que, ao supor algo diferente, o utilitarismo não reconhece a particularidade intrínseca dos indivíduos.

> **"Não pode ser um objetivo razoável que eu [...] deva tomar como a visão ideal de mundo [...] uma visão a partir de absolutamente nenhum ponto de vista."**
>
> Bernard Williams,
> *Making Sense of Humanity*
> [Interpretando a humanidade], 1995.

É por causa dessa noção falha de imparcialidade que o utilitarismo fornece uma descrição inadequada (na melhor das hipóteses) de casos como o de George. Suponha, para dar mais um exemplo, que uma casa está em chamas; seus dois filhos estão presos em um cômodo, e há três crianças que

---

1874
Henry Sidgwick apresenta sua filosofia utilitarista em *The Methods of Ethics* [Os métodos da ética].

1973
Bernard Williams conta as histórias de George e de Jim em *Utilitarianism: For and Against* [Utilitarismo: prós e contras].

você não conhece em outro. Você só tem tempo para resgatar as crianças de um cômodo. O "ponto de vista do universo" não faz concessões a relacionamentos que são peculiares a você, então, neste caso, aparentemente, você é obrigado a salvar os três estranhos. O utilitarista pode protestar que compromissos pessoais são em si mesmos uma fonte de utilidade e, portanto, podem ter um lugar em seu mundo, mas isso pouco faz para dissipar a suspeita de que esses compromissos não apenas foram subestimados, mas basicamente mal interpretados.

> ## Jim e os índios
>
> Outro caso famoso usado por Bernard Williams é a história do botânico Jim, que se encontra na praça central de uma cidadezinha sul-americana. Ali, um grupo de 20 nativos, selecionados aleatoriamente, foi alinhado contra uma parede e está prestes a ser fuzilado para dissuadir os demais da rebelião. Por ser um visitante de honra, a Jim é oferecido o privilégio de atirar em um dos índios, o que, nesse caso, fará que os outros sejam poupados. Se ele se recusar a atirar, a execução prosseguirá como planejado anteriormente. O que Jim deve fazer? Como no caso de George, a questão não é que o utilitarismo surja com a resposta errada; de fato, nesse caso, Williams supõe que Jim provavelmente deveria atirar no índio, como sugere o utilitarista. O verdadeiro problema está na forma como a resposta é alcançada: "É [...] uma questão de que tipo de reflexões surge para se encontrar a resposta". Com certeza, a dor de consciência que assombraria um homem colocado no deplorável dilema de Jim, a agonia do remorso e da autorrecriminação que viveriam com ele para sempre, estão completamente perdidas no frio balanço do cálculo utilitarista.

Pedindo muito Um problema adicional (e relacionado) típico das teorias éticas é a tendência a simplificar por meio da generalização. A fim de minimizar o que é em essência complexo, essas teorias podem buscar uma sistematização assumindo um aspecto fundamentalmente legal – procurando apoiar uma obrigação moral específica ao invocar uma obrigação mais geral, da qual o caso em questão é supostamente explicado como uma instância. No caso do utilitarismo, a aplicação indiscriminada do padrão de utilidade leva a um tipo de prestação de contas generalizado em que não somos menos responsáveis pelo que não fazemos do que pelo que fazemos. Se eu optar por jogar futebol em uma tarde de sábado em vez de arrecadar dinheiro para caridade, posso achar que tenho sangue nas mãos, pois o resultado da minha escolha pode ser uma série de mortes por fome pelas quais sou moralmente responsável. O reino do moralmente indiferente – das muitas coisas que não são em geral consideradas como tendo qualquer significado moral – pode encolher de forma dramática, e em breve podemos nos ver obrigados a *não* fazer nada que não sejamos *obrigados* a fazer. Nossa consciência sobrecarregada pode nos incitar a modificar por completo nossa vida. O utilitarista pode acolher esse desdobramento – ninguém disse que a moralidade era fácil –, mas para a maioria de nós é quase certo que essas exigências acabem em fracasso.

> **"A integridade não precisa de regras."**
> **Albert Camus,**
> *O mito de Sísifo*, 1942.

A ideia condensada
Moralidade centrada no agente

31 Crime e castigo

O crime é "a medida do fracasso de um Estado; no final, todo crime é o crime da comunidade". Assim escreveu o autor inglês H. G. Wells, em seu papel de comentarista social, na primeira década do século XX. Wells reflete uma visão comum de que um dos propósitos centrais do Estado é manter a ordem social, garantindo que as leis consentidas pela sociedade como um todo sejam obedecidas. O crime, que viola essas leis, perturba a ordem social e é o desafio mais claro à autoridade do Estado. Portanto, a legitimidade do Estado depende de sua capacidade de prevenir o crime.

Punir aqueles que violam as leis é uma das principais formas pelas quais o Estado busca combater o crime. No entanto, visto de outra perspectiva, a instituição da punição é intrigante. O dever normal do Estado é defender os direitos de seus cidadãos – protegê-los de danos, garantir sua liberdade de ir e vir, permitir-lhes plena expressão política. O Estado só considera apropriado infligir dano a seus membros no contexto de suas atividades penais – restringir-lhes a liberdade de ir e vir e de falar livremente, talvez até os privar de sua vida. Essas duas funções do Estado – proteger e punir – parecem ser necessárias e, no entanto, conflitantes.

Alguns acham que o uso institucionalizado da punição no que se afirma ser uma sociedade civilizada é indefensável. É como se o Estado se rebaixasse ao nível do criminoso no próprio ato de puni-lo. Oscar Wilde, por exemplo, escreveu, em 1891, que a sociedade é "infinitamente mais brutalizada pelo emprego habitual da punição do que pela eventual ocorrência do crime". Então, como é moralmente justificado que o Estado inflija dano a seus cidadãos sob a forma de punição?

Um mal necessário... Uma visão importante, frequentemente rotulada de "liberal", é prática e utilitarista: a punição é um mal necessário,

linha do tempo

Século VII a.C.	1789
Drácon estabelece um rígido código legal na antiga Atenas.	O utilitarista Jeremy Bentham defende que a punição é um mal necessário.

justificada porque os benefícios sociais que produz superam o sofrimento que causa. "Toda punição é danosa", insistiu o filósofo inglês Jeremy Bentham, "toda punição em si mesma é má". Um benefício óbvio é que a prisão reduz o perigo social representado por assassinos e outros graves transgressores. Outro benefício alegado para a punição é seu efeito dissuasivo, embora aqui a defesa seja menos fácil de ser feita. Em matéria de justiça, é questionável se é legítimo punir as pessoas não (ou não apenas) pelos crimes que cometeram, mas para impedir que outras os cometam. Em nível prático, também há dúvidas sobre a eficácia da dissuasão, já que há evidências de que é mais o medo da captura do que o castigo que detém o pretenso criminoso.

Talvez o argumento mais convincente a favor da punição, pelo menos da perspectiva liberal, seja a esperança de reabilitar os infratores – de reformá-los e reeducá-los de maneira que possam se tornar membros plenos e úteis da sociedade. No entanto, aqui também há dúvidas práticas sobre a capacidade de os sistemas penais – a maioria dos sistemas atuais, de qualquer forma – produzirem esse tipo de resultado benigno.

... ou apenas merecido? A outra grande tradição sustenta que a punição é justificada como retribuição; como tal, é boa em si mesma, independentemente dos benefícios que possa trazer. Todos têm a obrigação de obedecer às regras da sociedade; portanto, aqueles que escolherem não o fazer incorrerão em uma penalidade (dívida ou taxa) que deve ser paga. Um transgressor menor pode literalmente "pagar sua dívida" à sociedade com uma multa, enquanto em casos mais sérios um preço maior deve ser pago, como perda de liberdade ou (em algumas jurisdições) perda da vida. A ideia básica aqui é que a justiça exige que as pessoas recebam o que merecem; em ambos os casos, a punição é merecida e algum tipo de equilíbrio é restaurado por meio de sua imposição.

De forma mais radical, há uma visão amplamente aceita de que "a punição deve se adequar ao crime". Isso às vezes implica admitir que o crime e a punição devam ser equivalentes não apenas em severidade, mas também em espécie. Defensores da pena de morte, por exemplo, frequentemente argumentam que a única reparação adequada por tirar vidas é a perda da vida (ver página 130). A questão é menos persuasiva no caso de alguns outros

1891
A alma do homem sob o socialismo, de Oscar Wilde, sugere que a punição é pior do que a doença que supostamente cura.

1905
A Modern Utopia [Uma utopia moderna], de H. G. Wells, afirma que o crime é um reflexo do fracasso social.

crimes, e poucos sugeririam que chantagistas, por exemplo, devessem ser chantageados. A principal dificuldade nessa abordagem é manter uma distância saudável entre a retribuição (supostamente moral) e a vingança (moralmente indefensável). Pode-se objetar que a punição expressa repugnância ou indignação da sociedade a determinado ato, mas, quando a retribuição é reduzida a pouco mais do que uma sede de vingança, dificilmente parece adequada como justificativa para a punição.

> ### A rota draconiana para a segurança nas estradas
>
> Questionado sobre por que prescreveu a pena de morte mesmo para pequenos delitos, o legislador ateniense Drácon teria respondido que os crimes menores a mereciam e ele não conseguia pensar em nenhuma punição mais severa para os maiores. Essa justiça "draconiana" parece entrar em conflito com a visão da punição como retribuição, porque a punição não se adéqua ao crime. Pagar com a vida por ultrapassar o limite de velocidade parece injusto, porque é totalmente desproporcional: a justiça retributiva exige que você receba o castigo que merece – você deve pagar sua dívida para com a sociedade, nada mais, nada menos. De uma perspectiva utilitarista, no entanto, as coisas parecem um pouco diferentes. Se a punição é um mal necessário, o objetivo principal deve ser obter o máximo benefício (em termos de dissuasão, proteção pública etc.) ao menor custo em sofrimento (por parte daqueles que são punidos). Assim, quantas pessoas se arriscariam a acelerar na Atenas de Drácon? Se as leis são tão severas que ninguém se atreve a infringi-las, o povo estará perfeitamente protegido, todos os possíveis criminosos serão dissuadidos por completo: uma utopia livre de crime – e estradas seguras – à custa de injustiça manifesta.

Um compromisso desconfortável Muitas vezes é fácil encontrar brechas em uma análise específica de punição – para mostrar sua inadequação, citando contrapartidas em que um transgressor não representa um perigo para as pessoas ou não precisa de reabilitação, ou cuja punição não teria qualquer valor dissuasivo. Por essa razão, as justificativas da punição e da política penal tendem a adotar uma abordagem desorganizada e se baseiam não só em questões de princípio, mas em considerações práticas mais mundanas: o que se afirma que funciona de fato é usado para defender o que é dito ser certo em princípio. Vários teóricos recentes adotaram essa abordagem, apresentando relatos híbridos de punição que combinam elementos utilitaristas e retributivistas. Essa análise provavelmente *descreve* com bastante precisão o que a maioria das pessoas pensa sobre a punição; mas, se a explica ou justifica totalmente, é menos claro.

> **A ideia de justiça deve ser sagrada em qualquer boa sociedade [...] crimes e vidas más são a medida do fracasso de um Estado; no final, todo crime é o crime da comunidade.**
>
> H. G. Wells,
> *A Modern Utopia* [Uma utopia moderna], 1905.

A ideia condensada
Ira justa ou mal necessário?

32 A pena de morte

Como resultado das decisões tomadas nos tribunais, a vida de milhares de pessoas é encerrada a cada ano por uma série de meios, antigos e modernos, que incluem eletrocussão, enforcamento, envenenamento por gás, decapitação, apedrejamento, fuzilamento e injeção letal. O número de execuções judiciais tem diminuído ao redor do mundo, mas a pena capital ainda é utilizada de modo ativo em mais de cinquenta países. Indiscutivelmente, a China é o centro mundial das execuções, onde se estima que milhares de pessoas sejam mortas a cada ano – mais do que todo o resto do mundo.

A pena capital é uma questão extremamente controversa, e as justificativas para sua utilização raras vezes são simples. Os defensores podem achar que matar matadores, por exemplo, é a coisa moralmente certa a fazer, mas quase sempre sustentam seus argumentos sugerindo que o uso dessa punição tem boas consequências sociais. Na mesma linha, os opositores à pena de morte em geral afirmam que ela é errada em si mesma e que não cumpre os benefícios alegados, ou que seus efeitos são de fato prejudiciais.

Pagando o preço final A ideia de que a pena de morte é boa em si reflete uma concepção essencialmente retributiva de justiça. A lei e a moralidade dependem do fato de que as pessoas são responsáveis por suas ações e devem pagar um preço pelo que fizerem. Para os crimes mais graves, portanto – geralmente assassinato, mas às vezes também outros delitos –, é certo que o transgressor pague o preço final, a própria vida. Às vezes a doutrina religiosa é usada para apoiar o caso retributivo. A chamada *lex talionis* (lei de talião) da bíblia hebraica, por exemplo, exige que a punição

linha do tempo

1964	1965	1969
Ocorre a última execução no Reino Unido.	Ian Brady, o assassino do pântano, é preso e posteriormente condenado, sentenciado à prisão perpétua.	Ernest van den Haag defende que a pena de morte é a "melhor aposta", dada a incerteza de seu efeito dissuasivo.

se adéque ao crime: "olho por olho, dente por dente" – ou, nesse caso, morte por morte.

Os opositores podem apontar que a lógica da *lex talionis* leva a conclusões inaceitáveis, como a de que estupradores deveriam ser estuprados, torturadores sádicos torturados e assim por diante. E é claro que buscam o apoio religioso na outra extremidade do argumento. A maioria das religiões ensina que matar é errado. A mesma bíblia hebraica tem muitas proibições contra o ato de matar, incluindo o mandamento divino "não matarás". Contra isso, os defensores da pena capital sustentam que o direito à vida é condicional. Não é considerado errado tirar a vida de outra pessoa em legítima defesa; da mesma forma, aqueles que deliberadamente tiram a vida do outro perdem o próprio direito de viver e não podem se queixar quando o Estado exige sua vida em troca.

> **"A pena capital visa à segurança do povo? De jeito nenhum. Ela endurece o coração dos homens e faz que a perda da vida lhes pareça suave."**
> Elizabeth Fry, 1818.

No final, as tentativas de se argumentar que o assassinato judicial é em essência justo ou injusto provavelmente não serão bem-aceitas contra visões arraigadas. Um dos lados vê a pena capital como expressão da justa indignação da sociedade contra a infração mais flagrante de suas regras; o outro a vê como um ato de barbárie, uma espécie de assassinato por vingança que degrada a sociedade e a reduz ao nível do criminoso. Nesse impasse, é provável que o debate se volte para a consideração das consequências do uso judicial da pena de morte.

A morte de inocentes Nenhum assassino executado reincidiu; muitos assassinos que foram libertados ou escaparam da prisão assassinaram novamente. Portanto, o uso da pena capital salvou vidas inocentes. Inquestionavelmente verdadeira, essa afirmação é bem contestada por outra não menos correta: que o uso da pena capital custou vidas inocentes. Em todas as épocas, em todas as jurisdições, erros judiciais levaram pessoas inocentes a ser executadas. A verdade é que a perfeição nunca foi alcançada nem nos tribunais nem na operação dos planos de libertação de prisioneiros. A menos que decidamos priorizar um tipo de vítima em detrimento de outro, esses argumentos tendem a se anular mutuamente.

2011
A pena capital é mantida em 58 países, sendo os mais ativos a China, o Irã, a Arábia Saudita, o Iraque e os Estados Unidos.

2012
Estima-se que 20 mil pessoas em todo o mundo vivam sob sentença de morte.

Melhor morto

Uma reviravolta intrigante no debate sobre a pena capital acontece em casos como o de Ian Brady, o assassino do pântano, que está apodrecendo na prisão desde 1965. Dado que Brady expressou repetidas vezes seu desejo de morrer, não seria mais humano lhe permitir que isso fosse feito? O argumento é então totalmente invertido, pois aqueles que defendem a pena de morte como a forma mais severa de retribuição, acreditando que a punição mais pesada possível deveria ser aplicada aos culpados de crimes hediondos, supostamente defenderiam que Brady e outros como ele fossem mantidos vivos para prolongar seu sofrimento.

Protegendo ou degradando a sociedade Outra alegação utilizada para justificar a pena capital é que ela protege o povo, dissuadindo os possíveis transgressores. Os opositores afirmam que o efeito dissuasivo é, na melhor das hipóteses, não comprovado, mas o senso comum sugere que a perspectiva de punição com a morte deve ter *alguma* influência. Imagine um mundo em que todos os assassinos foram abatidos, instantaneamente, por um raio no momento em que cometeram o crime. Supor que as pessoas – pessoas racionais, pelo menos – com intenções assassinas, sabendo que a aniquilação instantânea as esperava, vão adiante independentemente disso é com certeza implausível. O problema é que, no mundo real, a pena de morte em geral não é certa nem rápida: o efeito dissuasivo que permanece depois de anos de revisões e recursos judiciais é discutível.

Esse mesmo fato enfraquece outro argumento econômico em favor da pena de morte – a frequente reclamação de que gastamos milhões de reais para manter assassinos na prisão, muitas vezes por décadas. A realidade é que os anos passados no "corredor da morte", pontuados por inúmeros recursos judiciais, são tudo, menos uma alternativa barata. Outra questão contra a pena capital é o fato demonstrável de que ela discrimina os membros mais pobres e vulneráveis da sociedade. A menos que o Estado esteja preparado para investir mais em assistência social para esses membros desfavorecidos (incluindo, mas não se limitando a, melhor representação legal), é inevitável haver uma injustiça básica na aplicação da pena de morte.

Os opositores à pena capital defendem que, longe de reduzir a incidência de assassinatos, ela pode realmente a aumentar. Por um lado, a sanção da pena de morte pelo Estado pode levar a uma desvalorização da vida, a um enfraquecimento do tabu em relação ao assassinato: quando a sociedade julga apropriado tirar a vida, não é provável que o respeito pela vida seja amplamente corroído? Além disso, em jurisdições onde a pena de morte é estendida a crimes graves que não somente o assassinato, há um fenômeno de escalada do crime: se um estuprador sabe, digamos, que o testemunho de sua vítima pode causar sua morte, parece haver uma lógica abominável no assassinato de sua vítima.

> ## A melhor aposta?
>
> O argumento da melhor aposta, inicialmente popularizado pelo sociólogo holandês-americano Ernest van den Haag, parte da premissa de que o valor dissuasivo da pena capital não é comprovado de uma forma ou de outra. Se a pena de morte é, de fato, um fator de dissuasão, seu uso salvará vidas inocentes; se isso não acontecer, iremos executar assassinos inutilmente. Dada a escolha entre salvar vítimas e matar assassinos, Van den Haag não tem dúvida de onde devemos colocar nosso dinheiro. O problema com seu argumento é que a pena capital pode dissuadir possíveis assassinos e ainda assim custar vidas inocentes – como resultado de erros judiciais, por exemplo, e corroendo o tabu social do assassinato. O ganho efetivo de vidas inocentes é a medida pela qual devemos julgar a pena de morte?

Uma questão polêmica O debate sobre a pena de morte é cercado de contradições. O efeito dissuasivo, discutivelmente sua principal justificativa, exige um tipo de justiça rápida e sumária que de modo quase inevitável levaria a um aumento no número de erros judiciais e, portanto, a execuções injustas. A maior eficácia desse sistema também seria, quase certamente, obtida ao custo de maior discriminação contra os pobres e desfavorecidos. Com tanta incerteza em torno de seus alegados benefícios, o argumento tende a recair sobre a questão básica de saber se é, em termos absolutos, certo para o Estado tirar a vida de seus membros. E, como vimos, as questões aí não são menos polêmicas.

A ideia condensada
Justa indignação da sociedade ou assassinato por vingança?

33 Tortura

Um grupo terrorista plantou em Londres uma bomba nuclear programada para explodir em duas horas. Não há tempo suficiente para iniciar uma evacuação, então é inevitável que, se a bomba explodir, milhares de pessoas inocentes morram. A polícia, que sabe sobre o dispositivo, mas não a sua localização, capturou o líder do grupo terrorista, que sabe onde ela está mas se recusa a falar. É certo que a polícia use a tortura na tentativa de forçar o terrorista a cooperar?

A reação automática à tortura, pelo menos entre os que cresceram nas democracias livres, é tratá-la como algo completamente inaceitável e sem lugar em uma sociedade civilizada sujeita ao domínio da lei. Mas casos como o da bomba-relógio esboçado acima testam essas intuições ao ponto de ruptura. Se a ameaça é iminente e nenhum outro curso de ação está disponível, não é moralmente aceitável – de fato, moralmente obrigatório – fazer tudo que for possível para evitar a catástrofe? O terrorista capturado é ele próprio responsável pela crise, portanto, infringir seus direitos, submetendo-o à tortura, parece um pequeno preço a pagar para salvar a vida de milhares de pessoas.

Nos últimos anos, e especialmente desde os atentados terroristas do 11 de Setembro, tem havido uma nova urgência em questões como a tortura e seu uso para se obter informação considerada vital à "guerra contra o terrorismo". Uma série de termos estranhos, de "afogamento simulado" a "extradição extraordinária", entrou no léxico do debate político. Assim, é sempre moralmente justificado usar a tortura?

Fins e meios desagradáveis Diante do tipo de cenário extremo apresentado acima, a maioria das pessoas admite, com relutância, que é moralmente certo que a tortura seja usada – desde que realmente não haja alternativas. Na essência, os fundamentos dessa visão são consequencialistas. Há dois, e apenas dois, procedimentos que a polícia pode seguir, ambos

linha do tempo

1984
A Convenção da ONU contra a Tortura exige que os Estados impeçam o uso da tortura dentro de suas fronteiras.

2001
Os atentados de 11 de Setembro provocam debate sobre o equilíbrio entre segurança nacional e direitos humanos.

altamente repulsivos: usar a tortura para extrair informações do terrorista culpado, cujos direitos humanos serão, assim, temporariamente infringidos; ou permitir a incineração de milhares de pessoas inocentes, cujo direito à vida será violado em definitivo.

O problema das mãos sujas

Alguns comentaristas linha-dura – excepcionalmente sinceros – afirmam que é ingênuo supor que os políticos poderiam manter as mãos inteiramente limpas: seria inevitável que, às vezes, tivessem de violar princípios morais fundamentais para servir aos interesses públicos. No entanto, os próprios torturadores costumam ser menos francos sobre a natureza de sua atividade, e os governos de todo o mundo geralmente distorcem suas palavras para cobrir seu rastro. Por essa razão, no caso de tortura, questões de definição realmente importam. Em 2004, um relatório vazado da CIA sugeria que o governo dos Estados Unidos aprovara técnicas de interrogatório que violavam a Convenção das Nações Unidas contra a Tortura, de 1984, segundo a qual tortura é uma punição "cruel, desumana ou degradante" de dor ou sofrimento severo, mental ou físico, a fim de se obter informações. A Casa Branca foi acusada pelos críticos de redefinir tortura como técnicas que resultam em graves danos a um órgão do corpo, permitindo assim que seus agentes usassem métodos como privação de sono e afogamento simulado, no qual um detido é forçado a ficar debaixo d'água e sofre a sensação de afogamento. A questão das "mãos sujas", que discute até que ponto os governos podem atender à segurança de seu povo sem recorrer a práticas imorais como a tortura, nunca esteve tão viva.

A escolha da primeira opção – usar a tortura – pode ser contestada por motivos absolutistas. Alguns insistem que a tortura é errada em princípio e não deve ser usada sob quaisquer circunstâncias. Se os absolutistas estão preparados para suportar as consequências do cenário da bomba-relógio, é difícil ver como podem ser dissuadidos. Um argumento em geral mais persuasivo contra a tortura, no entanto, pode ser levantado respondendo ao consequencialista na mesma moeda. Ao simplesmente fazer as contas nesses cenários extremos, um opositor pode argumentar, pode indicar que a tortura se justifica, mas muitas considerações mais amplas foram deixadas de fora da equação.

Rumo a uma cultura de tortura Uma conhecida objeção à tortura diz que a prática é simplesmente ineficaz. Pessoas sujeitas a dor ou sofri-

2001-2010
A série de tevê *24 horas* retrata o uso extensivo e efetivo de tortura.

2002
As técnicas de interrogatório utilizadas no centro de detenção dos Estados Unidos na baía de Guantánamo, em Cuba, são cercadas de controvérsia.

mento extremos são propensas a dizer qualquer coisa para fazê-los desaparecer; é provável que digam o que quer que achem que seus interrogadores desejam ouvir, de modo que a qualidade da informação é insatisfatória.

Um argumento mais sutil contra a tortura é baseado em seu suposto impacto na sociedade em que é usada. Onde técnicas de tortura são rotineiramente praticadas, uma "cultura de tortura" pode se desenvolver, o que é bárbaro em si e degrada a sociedade. Instituições como as Forças Armadas, a polícia, a segurança e os serviços prisionais criam facilmente hábitos de maltratar indivíduos, e a tortura se tornaria onipresente se esse tratamento fosse aceito e legalizado. Em resumo, aceitar o uso da tortura em casos extremos leva rapidamente a uma cultura em que ela se torna rotineira e institucionalizada; o dano causado à estrutura da sociedade é tão profundo que não pode ser justificado por suas consequências (supostamente) boas em emergências excepcionais e pontuais.

Interrompendo a descida Esse argumento contra a tortura pressupõe haver uma ladeira escorregadia que, inexoravelmente, leva do uso extraordinário da tortura ao uso rotineiro, legalizado e institucionalizado. Mas essa descida é inevitável? Por um lado, não procede que um ato moralmente permissível em algumas circunstâncias altamente específicas e excepcionais deva ser legalizado. A lei é tipicamente baseada em regras generalizadas que são derivadas de um processo de abstração a partir de casos particulares; casos como o cenário da bomba-relógio são, por definição, eventos extraordinários e únicos que não têm precedentes nem estabelecem precedentes. Poderíamos aceitar, mais uma vez com relutância, ser moralmente permissível que os sobreviventes de um acidente de avião permaneçam vivos comendo a carne de seus companheiros de viagem

---

Jack Bauer, torturado herói da tortura

Segundo os críticos, nada fez mais para normalizar o uso da tortura na mente dos americanos comuns do que a popular série de tevê 24 horas. Uma engenhosa versão do cenário da bomba-relógio é fundamental para cada uma das oito temporadas de 24 horas, e, em cada caso, a tortura é representada tanto como necessária quanto como eficaz no combate à ameaça terrorista. A tortura é institucionalizada na fictícia Unidade de Contraterrorismo (CTU) – há agentes especiais cuja única função é torturar suspeitos –, enquanto o protagonista de 24 horas (ou talvez "herói"), Jack Bauer, recorre com frequência à tortura para extrair (invariavelmente com sucesso) informações vitais para a segurança dos Estados Unidos. Aqueles que colocam obstáculos no caminho de Bauer – liberais complacentes, políticos sem fibra e ingênuos defensores dos direitos humanos – são firmemente retratados como equivocados e desprezíveis. No entanto, o quadro não é de todo unilateral, já que o próprio Bauer – perpetrador e vítima de tortura – torna-se cada vez mais extenuado em termos físicos e psicologicamente marcado à medida que a série avança. Resta pouca dúvida de que 24 horas, ainda que parcial em sua própria opinião sobre o tema, tenha desempenhado um papel significativo na formação do debate popular sobre tortura.

mortos, mas não se sugere que esses eventos excepcionais forneçam uma razão para legalizar o canibalismo.

O mesmo pode ser dito do uso isolado de tortura. A prática é moralmente abominável, e há motivos muito fortes para dizer que sua aplicação deve permanecer ilegal. Aqueles que cometem atos de tortura devem ser processados, mesmo que uma atenuação bem considerável deva ser permitida em circunstâncias muito excepcionais, análogas ao cenário da bomba-relógio, por exemplo. Embora a ladeira escorregadia imaginada por opositores talvez não seja inevitável, muita coisa que tem acontecido nos últimos anos – os centros de detenção do Exército americano em Abu Ghraib no Iraque e na baía de Guantánamo, em Cuba, são apenas as instâncias mais divulgadas – sugere que a máxima vigilância é necessária a fim de que a tortura e outras práticas extrajudiciais não propaguem seus efeitos corrosivos mais amplamente pela sociedade.

A ideia condensada
Um mal necessário?

34 Corrupção

Corrupção é um processo pelo qual a virtude ou a integridade de alguém ou algo são progressivamente minadas ou destruídas. Uma coisa é uma pessoa boa e honesta ser desencaminhada, outra bem diferente é uma instituição sólida e eficiente se desviar. No entanto, embora as corrupções institucional e pessoal sejam claramente distintas, elas têm muito em comum e com frequência ocorrem juntas.

Pessoas virtuosas são aquelas dispostas a fazer o que é certo, como quer que isso seja definido – muito deste livro é uma tentativa de abordar precisamente essa questão. As opiniões divergem sobre os detalhes de como essas pessoas devem se comportar, mas elas podem ser honestas, justas, generosas, corajosas, tolerantes, complacentes, respeitosas, moderadas e trabalhadoras, entre outras coisas. O conjunto preciso de condições que devem ser atendidas para dizermos que essas pessoas foram corrompidas pode ser bastante complexo, mas deve haver pelo menos algum tipo de estímulo que as faça parar de se comportar de uma ou mais dessas maneiras virtuosas. O incentivo pode ser ganho financeiro – elas podem ser subornadas para se comportar de forma desonesta –, mas há muitas outras motivações possíveis: a promessa de status ou poder aumentados, por exemplo, ou favores sexuais.

Da corrupção pessoal à institucional Outros exemplos de corrupção pessoal incluem casos em que alguém fornece falso testemunho em tribunal a fim de evitar que um amigo seja condenado, talvez acreditando que o amigo seja inocente; ou quando um policial fabrica evidências para garantir uma condenação, talvez acreditando que o suspeito seja culpado. Esses casos de corrupção pessoal demonstram como eles estão frequentemente ligados à corrupção institucional. O propósito do sistema judicial, uma das instituições centrais do Estado, é administrar a justiça, e há vários processos, como a prestação de testemunho verdadeiro e a apresentação de provas genuínas, que permitem ao sistema alcançar seu propósito. As ações da tes-

linha do tempo

1993
A Transparência Internacional é fundada para aumentar a conscientização sobre a corrupção.

1999
A Convenção Antipropina da OCDE entra em vigor.

temunha falsa e do policial desonesto minam os processos essenciais do sistema judicial e, assim, ajudam a subverter seu objetivo principal; a instituição está, portanto, comprometida e corrompida em algum grau.

Extrapolando a partir desses casos, podemos dizer que qualquer instituição tem um propósito para o qual foi estabelecida, e vários processos por meio dos quais realiza esse propósito. Essa instituição é corrompida, até certo ponto, por ações que minam seus processos e, assim, impedem que ela atinja seu objetivo. Como no caso da corrupção pessoal, o ganho financeiro pode ser a motivação, mas outros incentivos, como a promessa de status ou poder aumentados, também podem estar envolvidos.

Em busca de transparência

Tentativas de combate à corrupção em todo o mundo foram restringidas pela falta de dados básicos. É complexo avaliar com precisão a escala do problema, pois as transações corruptas são, por natureza, clandestinas, e qualquer tipo de análise comparativa é dificultado pelo fato de esses dados virem de inúmeros lugares e de diferentes contextos. Uma das principais organizações não governamentais ativas no combate à corrupção, a Transparência Internacional, tentou aumentar a objetividade de seus dados adotando uma definição neutra de corrupção como "abuso do poder confiado para ganhos privados". A suposição subjacente aqui é que o poder é concedido às autoridades, pelo povo ou de outra forma, com a condição de que seja usado em benefício da sociedade como um todo; portanto, usar esse poder para ganho pessoal é uma quebra ilegal de confiança. A corrupção, nessa visão, é interpretada meramente como uma interação ilegal – a concessão preferencial de um benefício por parte de um agente público a um recebedor, em troca de algum tipo de suborno (monetário ou outro). Hoje, a Transparência Internacional publica uma série de pesquisas e relatórios, sendo o mais conhecido deles o Índice de Percepção da Corrupção, que mede os níveis percebidos de corrupção do setor público em 183 países e territórios em todo o mundo.

Toda instituição possui regras e regulamentos, mais ou menos explícitos, cuja observância tem o objetivo de fazer que seus processos funcionem de modo eficiente e, assim, cumpram seu propósito. Qualquer ato corrupto deve necessariamente violar essas regras e ser "ilegal" no âmbito da própria enti-

2006

Barack Obama aborda a questão da corrupção em sua visita ao Quênia.

> **"Entre um povo habitualmente corrupto, a liberdade não pode existir por muito tempo."**
>
> Edmund Burke,
> teórico político irlandês, 1777.

dade. Treinadores que dopam atletas para melhorar seu desempenho podem violar as regras estabelecidas pelo órgão regulador do esporte; sua trapaça tem um efeito corruptor sobre o esporte em particular, como instituição, bem como sobre o esporte de forma mais geral e sobre várias "subinstituições" ou culturas implícitas no esporte, como o *fair play*. Se tal ato é ou não ilegal no sentido mais amplo de violar as leis do Estado, é outra questão.

O dedo da culpa

A corrupção pode ser especialmente abundante em países em desenvolvimento, mas o Ocidente deve arcar com grande parte da responsabilidade por esse desagradável estado de coisas. Muitos dos subornos – e quase todos os maiores subornos – são oferecidos por empresas ocidentais e gigantes multinacionais que buscam obter grandes arrendamentos, concessões e contratos. De fato, até 1999 não se fazia qualquer esforço para coibir o suborno em transações comerciais internacionais, até que a Organização para a Cooperação e Desenvolvimento Econômico (OCDE) estabeleceu uma convenção exigindo que os signatários criminalizassem o ato de subornar funcionários públicos estrangeiros. É possível que essa medida tenha feito menos para erradicar o suborno do que para fornecer emprego a advogados de empresas que buscam meios de burlar as regras.

Um câncer global É vital entender o que é a corrupção e por que ela ocorre, pois atualmente essa prática representa, sem dúvida, um dos maiores flagelos do mundo. Os efeitos corrosivos da corrupção financeira em todos os aspectos da existência de um país foram o foco de um discurso do senador Barack Obama, futuramente 44º presidente dos Estados Unidos, em uma visita ao Quênia em 2006:

> A corrupção asfixia o desenvolvimento – desvia recursos escassos que poderiam melhorar a infraestrutura, reforçar os sistemas educacionais e fortalecer a saúde pública […] No final, se as pessoas não puderem confiar em seu governo para fazer o trabalho para o qual ele existe – protegê-las e promover o bem-estar comum –, todo o resto está perdido.

Embora nenhum país esteja imune à corrupção, seu impacto é sentido com mais intensidade nos países em desenvolvimento, onde as instituições políticas são tipicamente mais vulneráveis e os procedimentos e salvaguardas oficiais, menos robustos. Nessas circunstâncias, é relativamente fácil que uma cultura de fraude, suborno e extorsão crie raízes. À medida que fundos e recursos públicos são desviados para bolsos privados, a pobreza se espalha entre a população em geral, gerando cinismo em relação aos processos políticos. Onde os líderes políticos são considerados irresponsáveis e ambiciosos é quase impossível que as instituições democráticas e o respeito pelo estado de direito criem raízes. Por essas razões, a corrupção é uma das principais causas dos problemas mais urgentes do mundo – governança fraca, pobreza crescente, saúde e assistência médica precárias, educação inadequada –, e enfrentá-la é um dos maiores desafios da humanidade.

> **A corrupção [...] corrói o Estado de dentro para fora, deturpando o sistema de justiça até que não haja justiça para ser encontrada, enfraquecendo as forças policiais até que sua presença se torne uma fonte de insegurança, e não de conforto.**
>
> Barack Obama, 2006.

A ideia condensada
Um câncer no coração do Estado

35 Terrorismo

"O terrorista de um homem é o combatente da liberdade de outro homem." Pode soar um pouco clichê, mas há um importante fundo de verdade nesse ditado. Hoje, a palavra "terrorismo" carrega um significado fortemente negativo: ninguém a usa para descrever a si próprio. Um Estado tende a ver qualquer violência dirigida contra si, exceto a violência de outro Estado, como terrorista, enquanto retrata as próprias ações como atos legítimos de guerra ou de defesa contra seus inimigos. Esses inimigos, por outro lado, veem-se como guerreiros, às vezes até mártires, lutando por uma causa justa.

Quando o termo é expresso dessa maneira, o debate sobre a ética do terrorismo torna-se infrutífero. Uma ação terrorista é errada por definição, apenas em virtude de ser descrita como tal. Isso não significa dizer que é uma questão puramente semântica e, portanto, sem importância: às vezes é vital vencer a guerra de palavras – conquistar os "corações e mentes" dos participantes e observadores. No entanto, precisamos ir além do impasse semântico se quisermos dizer algo interessante, eticamente, sobre o conceito de terrorismo.

Violência e intimidação O Estado chama determinada conduta de ato ilícito de terrorismo; os perpetradores da ação a chamam de um ato legítimo de violência política. A compreensão que o Estado tem de si mesmo, implícita aqui, está de acordo com a visão influente do sociólogo alemão Max Weber, que sugeriu ser a característica determinante do Estado o seu alegado "monopólio do uso legítimo da força física": o direito exclusivo, em outras palavras, de fazer leis dentro de seu território e usar a violência, efetiva ou potencial, para forçar o cumprimento dessas leis. Os cometedores de violência contra um Estado específico poderiam, de fato, aceitar essa definição; no entanto, eles alegam que o Estado a que se opõem perdeu, por algum motivo, seus direitos como Estado e é, portanto, um alvo legítimo de violência.

linha do tempo

Décadas de 1890 e 1900
Anarquistas revolucionários elegem líderes políticos como alvos, incluindo o presidente francês Marie-François Sadi Carnot (1894) e o presidente americano William McKinley (1901).

1922
Publicado postumamente, *Economia e sociedade*, de Max Weber, analisa a relação entre violência e Estado.

Assim, em ambos os lados há consenso de que o terrorismo envolve violência. E há mais pontos em comum: essa violência é realizada com a intenção específica de criar terror – usando a intimidação para alcançar algum objetivo político adicional. Em geral, as duas partes concordam sobre o que é feito (violência) e por que é feito (para intimidar). O principal ponto de divergência é a legitimidade do objetivo, e é isso que determina se um ato específico de violência é rotulado como terrorismo ou violência política.

Mirando o inocente   Atos comumente chamados de terroristas podem assumir muitas formas diferentes. Considere os dois cenários a seguir:

>1 A *organização clandestina A, lutando pela libertação de um poder colonial, planta uma bomba na residência do governador;* ela explode e mata o governador e vários funcionários do governo.

>2 A *organização clandestina B, que também luta por libertação, planta uma bomba em um hotel turístico popular, matando um conjunto aleatório de visitantes estrangeiros, trabalhadores locais do hotel e outros.*

Descreveríamos esses dois cenários como atentados terroristas? É possível, mas eles claramente têm um caráter muito diferente. Mirar em membros do governo, como no primeiro cenário, pode ter algum valor intimidador, mas talvez seja mais bem descrito como uma tentativa concentrada de enfraquecer o governo, eliminando o pessoal-chave. O poder colonial, sem dúvida, apresentaria o atentado como terrorista, mas os próprios perpetradores considerariam suas vítimas alvos legítimos – representantes oficiais do que veem como um regime ilegítimo – e, provavelmente, descreveriam sua operação como um assassinato em vez de um ato de terrorismo.

No segundo cenário, a situação é muito distinta. Crucialmente, as vítimas são selecionadas ou visadas apenas no sentido mais vago: uma visão imparcial seria a de que são transeuntes ou civis inocentes, sem responsabilidade (clara ou direta) pelas injustiças que motivam o ataque. E o propósito do atentado é muito difuso. Os objetivos provavelmente incluem demonstrar o poder da organização de infligir danos e a incapacidade do governo de preveni-los; minar a economia do país, desencorajando turistas, investidores estrangeiros etc.; intimidar e desestabilizar, de uma forma completamente desfocada, o regime dominante. Ninguém, exceto talvez os próprios

2001
Os atentados islâmicos em 11 de Setembro, nos Estados Unidos, marcam o auge do "novo" terrorismo.

2003
Os Estados Unidos e a Coalizão da Boa Vontade invadem o Iraque.

perpetradores, descreveria a operação como algo diferente de um ato terrorista.

O terrorismo é sempre justificado? Do ponto de vista ético, faz muita diferença se os dois cenários esboçados anteriormente são vistos como atentados terroristas, ou se apenas o segundo. Em geral, os perpetradores desses atentados alegam que suas vítimas são de alguma forma cúmplices na produção das injustiças que fornecem a ampla justificativa para suas ações. Essa alegação é muito plausível no primeiro cenário, o bombardeio da residência do governador, mas bem menos admissível no segundo, o ataque ao hotel. Após os atentados de 11 de Setembro nos Estados Unidos, o líder da Al-Qaeda, Osama bin Laden, afirmou que todos os americanos tinham culpa pelas atrocidades cometidas contra os muçulmanos, alegando que eram coletivamente responsáveis por eleger o governo, pagar impostos etc. A ideia de que pagar impostos (muitas vezes com relutância) à Receita Federal dos Estados Unidos seja motivo suficiente para ser incinerado em combustível de aviação é grotesca por si mesma – para não falar das muitas pessoas (incluindo bebês) que não votam ou pagam impostos.

Sacrifício no altar do extremismo

Terroristas tendem a ser movidos por visões extremas, talvez porque sejam apenas essas pessoas que conseguem contemplar o "sacrifício" de vidas inocentes em busca de um objetivo maior. Na virada para o século XX, uma doutrina extremada conhecida como anarquismo revolucionário espalhou uma desordem sangrenta pela Europa e pela América do Norte. Seus adeptos afirmavam que o impacto do Estado sobre os cidadãos era tão terrível que justificava a remoção forçada por qualquer meio, inclusive violência. A ideia subjacente era de que a nova vida emergiu da aniquilação, ou, como o anarquista russo Mikhail Bakunin solenemente expressou, "o impulso de destruição também é um impulso criativo". O resultado foi uma avalanche de atentados terroristas a líderes e políticos proeminentes, incluindo reis, presidentes e primeiros-ministros, cujos assassinatos destinavam-se a destacar a vulnerabilidade do Estado e assim inspirar as massas à revolução. Na virada para o século XXI, os atentados de 11 de Setembro nos Estados Unidos foram as piores (embora não as primeiras) manifestações de um novo estilo de terrorismo marcado pelo fanatismo religioso. Passíveis de serem julgados apenas por Deus, esses "novos" terroristas, mais notavelmente o grupo islâmico Al-Qaeda, estavam dispostos a sacrificar a própria vida para maximizar a morte de seus inimigos, incluindo civis. Portanto, permaneceram (e permanecem) incompreensíveis para seus inimigos, apresentando uma ameaça que ainda não foi totalmente entendida, muito menos combatida de forma adequada.

Então, a cumplicidade parece uma justificativa plausível para os atentados que visam àqueles que são genuinamente cúmplices – embora haja dúvidas se essas ações são mais bem descritas como terroristas. Mas é preciso uma visão muito exagerada de responsabilidade coletiva por cumplicidade para justificar o tipo de atentado aleatório que, em geral, resulta na morte e na mutilação daqueles que normalmente seriam considerados civis inocentes. Há alguma justificativa melhor?

Um consequencialista ético – aquele que julga a correção e a incorreção de ações com base apenas em suas consequências – veria um atentado terrorista contra civis como justificado se resultasse em um benefício suficientemente grande, levando em conta todas as coisas. Essa qualificação é importante, pois entre as coisas consideradas deveria estar a possibilidade de esse benefício ser alcançado de forma menos repugnante em termos morais (por exemplo, visando àqueles que de algum modo são cúmplices). Muitos diriam que deve haver *sempre* uma forma melhor do que tirar a vida de inocentes e que pesar os prós e contras, da maneira consequencialista, não é o caminho certo para se chegar a um veredicto nesses casos. Assim, a questão do terrorismo dilui-se, mais uma vez, no insolúvel conflito da ética entre fins e meios.

A ideia condensada
O poder da intimidação

36 Censura

A liberdade de opinião e expressão é tão valorizada no mundo ocidental que às vezes se supõe, de modo irrefletido, que a censura é necessariamente ruim. Essa visão é ingênua, e na realidade sempre houve controle significativo da liberdade de expressão. Em todas as épocas, em diferentes graus, os líderes da sociedade assumiram o direito de controlar o comportamento de seus súditos ou cidadãos, regulando o fluxo de informação e bloqueando a expressão de opiniões que consideravam perigosas.

O compromisso liberal com a liberdade de expressão tem suas origens no Iluminismo do século XVII e é mais claramente subscrito pela Primeira Emenda (1791) da Constituição dos Estados Unidos, que inclui a disposição de que "o Congresso não fará lei [...] restringindo a liberdade de expressão, ou de imprensa". Na prática, no entanto, mesmo nos regimes mais liberais, há uma série de leis para punir aqueles que abusam dessa liberdade ao expressar opiniões ou revelar informações de maneiras que o Estado considera inaceitáveis: leis que protegem segredos oficiais e criminalizam difamação, obscenidade, blasfêmia e vários tipos de incitação são todas formas de censura. Assim, a grande questão ética não é se deve haver censura – muito poucas pessoas sugerem que a liberdade de expressão completamente irrestrita seja praticável ou desejável. A questão é decidir como e onde impor limites.

Quando o Estado sabe o que é melhor   A visão predominante antes do Iluminismo – quase universal até então e ainda comum agora – era essencialmente autoritária, ou, na melhor das hipóteses, paternalista.

No geral, as sociedades eram organizadas em hierarquias rígidas em que uma elite governante exerce amplos poderes de censura sobre os governados, atrevendo-se a determinar que tipos de expressão eram permitidos em muitos aspectos da vida. Regimes autoritários normalmente controlavam o flu-

linha do tempo

1644
Areopagítica, de John Milton, defende a liberdade de imprimir sem licença.

1791
A Primeira Emenda da Constituição dos Estados Unidos garante liberdade de expressão e de imprensa.

As guerras pornôs

Se a pornografia é um campo de batalha fundamental no debate sobre a censura, é também uma arena profundamente envolvida na névoa da guerra. Historicamente, o debate viu conservadores morais de um lado, convencidos de que o material sexualmente explícito é socialmente prejudicial porque ameaça valores tradicionais (incluindo familiares e religiosos); e liberais do outro, insistindo que, em última análise, é uma questão de escolha privada e que aos adultos que aprovam tal material deve ser permitido produzi-lo e consumi-lo, desde que isso não prejudique os outros. Infelizmente, a prova de dano até agora tem sido inconclusiva: A produção de pornografia envolve coerção ou exploração de atores? O consumo aumenta a violência sexual? Nas últimas décadas o debate foi revitalizado pelas feministas, que defendem que a pornografia – pelo menos a pornografia violenta e/ou degradante – endossa a subordinação das mulheres (tratando-as como objetos sexuais, por exemplo) e, portanto, institucionaliza a superioridade masculina e infringe o direito feminino a status civil igualitário. De acordo com essa visão, a pornografia é uma questão de direitos humanos – algo que o liberal não pode ignorar facilmente.

xo de informação segundo seu próprio interesse, suprimindo visões que consideravam uma ameaça à sua sobrevivência.

No entanto, o uso autoritário da censura pode mostrar uma face mais benigna. Uma classe governante ou elite pode decidir quais formas de expressão são permitidas sob uma perspectiva paternalista: efetivamente, o Estado assume que sabe o que é o melhor, mas não o que é melhor para *si próprio*, e sim o que é melhor para os seus *membros*. Como o Estado sabe disso? A resposta é quase sempre uma combinação de influências religiosas e culturais. O objetivo do Estado, essencialmente conservador em caráter, é proteger um corpo de valores – muitas vezes incluindo valores "familiares" difusos – que pode ser baseado em ensinamentos religiosos e transmitido de geração em geração. Aqueles que estão no poder têm uma visão clara do que é moralmente certo e errado, ou assim pensam, e com base nisso decidem o que é aceitável a fim de promover o bem-estar moral das pessoas comuns. Na realidade, o Estado toma para si o dever de moldar o caráter moral de seus membros e, para esse fim, assume o direito de limitar a expressão de, ou a exposição a, coisas que podem "depravar e corromper" esse caráter.

1859
Sobre a liberdade, de John Stuart Mill, defende que apenas danos a terceiros justificam a limitação da liberdade de expressão.

1891
A alma do homem sob o socialismo, de Oscar Wilde, é publicado.

> ### A arte e o censor
>
> Um dos aspectos mais complicados da censura é traçar uma linha crível entre ética e estética. "Não existe livro moral ou imoral", escreveu Oscar Wilde em 1891. "Livros são bem escritos ou mal escritos. Isso é tudo." Uma preocupação constante é que a influência opressora do censor torna a arte monótona. Picasso insistiu que a verdadeira arte não poderia prosperar na atmosfera estéril criada pelo censor: "A arte nunca é casta. Deve ser proibida a inocentes ignorantes, nunca permitida a ter contato com aqueles que não estão suficientemente preparados. Sim, a arte é perigosa. Onde é casta, não é arte". George Bernard Shaw fez a mesma observação para a arte literária, observando que a censura alcança sua conclusão lógica "quando ninguém pode ler nenhum livro, exceto os livros que ninguém lê". E John Milton, em seu *Areopagítica*, de 1644 – talvez o mais famoso de todos os ataques literários à censura –, defende que a excelência dos bons livros só é totalmente óbvia para um leitor que pode julgá-los em comparação com os livros ruins. A verdade, protesta ele, sempre prevalecerá sobre a falsidade "em um encontro livre e aberto"; se o mal é banido, é impossível "louvar uma virtude fugidia e enclausurada".

Dano, ofensa e a carranca da sociedade   Um dos valores centrais do liberalismo é a autonomia – a ideia de que as pessoas devem estar no controle de seu destino, livres para tomar decisões por conta própria e sem a interferência de terceiros. Portanto, os liberais geralmente se opõem a todas as formas de paternalismo, por mais bem-intencionadas que sejam. De acordo com o clássico relato dado pelo filósofo vitoriano John Stuart Mill, a liberdade de expressão deveria ser restringida apenas se deixar de fazer isso causasse danos a terceiros (ver capítulo 10). Em essência, as pessoas devem ter a liberdade de fazer – e se expressar e pensar e dizer – o que quiserem, desde que isso seja condizente com outras pessoas fazendo o mesmo. Elas podem ser legitimamente aconselhadas e instruídas sobre qualquer dano que arrisquem fazer a si mesmas pelo comportamento escolhido, mas isso não é razão suficiente para restringir sua liberdade de se comportar dessa maneira.

O diabo, claro, está nos detalhes. Alguns indivíduos são muito mais suscetíveis a injúrias do que outros. E com o crescimento da internet e das mídias sociais, uma enorme variedade de novas formas de prejudicar as pessoas e seus interesses surgiu. Insinuar que uma figura pública importante é pedófila pode claramente afetar a reputação dela. Mas o que dizer de um jogador de futebol que desaba no campo e depois se torna alvo de piadas de mau gosto no Twitter ou em outras redes sociais? O dano causado a ele – ou talvez à sociedade em geral – é suficiente para garantir algum tipo de ação judicial? A questão aqui é traçar uma linha entre dano (real) e (mera) ofensa. Mas, novamente, a ofensa é uma questão muito subjetiva e, em alguns casos, o medo da desaprovação social pode ser um fator de dissuasão mais eficaz do que a mão pesada da lei.

O próprio Mill estava ciente do papel desempenhado pela censura social na redução da liberdade de expressão. De fato, ele estava preocupado que essa pressão pudesse às vezes exercer um controle sufocante e doentio, promovendo uma cultura de repressão intelectual em que o questionamento e a crítica da opinião recebida são desencorajados e "os intelectos mais ativos e inquiridores" temem entrar em "livre e ousada especulação sobre os mais elevados temas". O resultado, acredita ele, é a restrição do desenvolvimento mental, a intimidação da razão e fragilização da verdade em si: "a verdadeira opinião permanece [...] como um preconceito, uma crença independente de, e uma prova contra o, argumento [...] A verdade, assim sustentada, é apenas uma superstição a mais, agarrando-se acidentalmente às palavras que enunciam uma verdade".

> **"Sempre que livros são queimados, no final homens também são queimados."**
>
> Heinrich Heine,
> poeta alemão, 1821.

A ideia condensada
A moralidade da mordaça

37 Drogas

A extensão da miséria humana associada ao uso e abuso de drogas ilegais não está realmente em dúvida. Os adictos muitas vezes vivem vidas curtas e sórdidas, roubando e se prostituindo para alimentar seu hábito, contraindo e espalhando doenças ao compartilhar agulhas sujas, arruinando a vida de suas famílias e filhos. Muitos outros estão envolvidos no tráfico ilegal de drogas, uma indústria global na qual países produtores no mundo em desenvolvimento são empobrecidos por gângsteres bilionários, e adversários comerciais são rotineiramente assassinados.

O menos óbvio é justamente onde colocar a culpa por essa ladainha de miséria. Porque pode-se argumentar que muitos dos problemas relacionados às drogas que arruínam milhões de vidas se devem mais às tentativas dos governos de proibir seu uso do que ao próprio consumo dessas substâncias. A questão da legalização define grande parte do debate sobre o uso de drogas e, em geral, essa discussão é conduzida no calor da política partidária, não no espírito da investigação honesta. Intensamente politizadas, as questões centrais são normalmente tratadas de forma inconsistente, desonesta, até mesmo hipócrita.

No entanto, as respostas são importantes. Dezenas de bilhões de dólares são gastos por ano em tentativas de erradicar a produção e a distribuição de drogas como maconha, cocaína e heroína. Centenas de milhares de pessoas estão encarceradas em prisões com base na suposição de que o uso de drogas é errado. Podemos romper a névoa da desinformação e dizer se essa conjectura está correta?

Todas as drogas são iguais? O argumento para proibição do uso de drogas baseia-se em vários tipos de danos que elas supostamente causam – aos próprios usuários, aos que os rodeiam e à sociedade em geral. A proibição

linha do tempo

1839-1842, 1856-1860	1961	1988
Duas Guerras do Ópio são travadas entre Grã-Bretanha e China.	A Convenção Única sobre Entorpecentes é assinada em Nova York.	A Convenção das Nações Unidas contra o Tráfico Ilícito de Entorpecentes e Substâncias Psicotrópicas é assinada em Viena.

é frequentemente associada a uma perspectiva conservadora, mas mesmo os liberais admitem que os governos devem tentar impedir que as pessoas se comportem de maneira a causar (certos tipos de) danos aos outros (ver capítulo 10). Poucos sugeririam que aqueles sob a influência de drogas fossem autorizados a dirigir carros ou operar empilhadeiras, por exemplo. Além disso, porém, há pouco consenso.

Um problema que atinge constantemente a questão das drogas é uma tendência, no debate político, se não na legislação, a agrupar todas as substâncias. A realidade é que algumas drogas são bem mais nocivas do que outras. Há muitas coisas tão prejudiciais quanto drogas "leves" – como a maconha – que ainda não estão sujeitas a sanções criminais. O álcool é mais viciante do que a maconha, de acordo com alguns especialistas, e é estatisticamente mais provável que bebidas alcoólicas o levem à morte, danifiquem a sua saúde, arruínem suas relações pessoais e prejudiquem sua situação financeira. O mesmo pode ser dito do tabaco, mas poucos sugerem que consumidores de bebida alcoólica e fumantes devam ser estigmatizados como criminosos por seus hábitos. As drogas pesadas, por outro lado, como heroína e crack, costumam ser muito mais prejudiciais; são altamente viciantes, muitas vezes produzindo uma dependência obsessiva que provoca muito dano aos usuários e a outros vinculados a eles. O tipo de inconsistência observada nas políticas de drogas causa ceticismo generalizado, notavelmente entre os muitos milhões que fazem uso ocasional de drogas leves, aparentemente sem quaisquer efeitos adversos graves.

Há certamente um argumento muito mais forte em favor da proibição legal de drogas pesa-

A visão de longo prazo

A atual intensidade da preocupação com o uso ilegal de drogas é relativamente recente. Em meados do século XIX, a Grã-Bretanha travou duas guerras com a China a fim de defender seu direito ao comércio de ópio. Foi somente no século seguinte que os primeiros esforços para erradicar o comércio internacional de drogas foram feitos – esforços que culminaram na Convenção Única sobre Entorpecentes (1961) e em várias iniciativas patrocinadas pelas Nações Unidas para proibir a produção e o fornecimento de drogas. Ao longo dos séculos, a maioria das sociedades adotou uma visão mais branda. Hoje, o álcool é a droga socialmente aceita no Ocidente, mas uma grande variedade de substâncias com propriedades que alteram a mente ou o humor foi igualmente admitida em outras épocas e lugares.

das. No entanto, muitos liberais insistem que qualquer restrição legal ao uso de drogas é errada, argumentando que temos o direito fundamental de fazer o que desejamos com nosso próprio corpo e que os vários danos causados pelo uso de drogas não são do tipo que os governos deveriam buscar controlar. Para os conservadores morais, essa permissividade parece complacente e irresponsável. Algumas drogas são consideradas tão viciantes que limitam efetivamente a capacidade de o usuário agir livremente e, portanto, minam sua autonomia pessoal. O liberalismo pode exigir que seja dada às pessoas uma corda liberal o suficiente para se enforcarem. Ainda assim – já que a autonomia é, para os liberais, a capacidade ética *par excellence* –, há certa tensão em sua posição se eles insistirem que os indivíduos devem ter liberdade mesmo à custa de seu caráter como agentes morais.

Um legado manchado: drogas no esporte

Em 1998, o rebatedor de beisebol Mark McGwire atingiu 70 *home runs*, surpreendentemente nove a mais do que o recorde estabelecido 37 anos antes; no ano seguinte, o ciclista americano Lance Armstrong alcançou a primeira de um recorde de sete vitórias consecutivas no Tour de France. Naquela época, esses feitos foram classificados entre os maiores em qualquer esporte; agora, eles estão manchados pela revelação de que os recordistas estavam sob efeito de drogas para melhora do desempenho (PEDs, na sigla em inglês). A essência do esporte é a competição limpa: as regras devem ser iguais para todos e o jogo, realizado de forma honesta. Assim, o uso de esteroides e outras substâncias proibidas pelo órgão regulador de um esporte é uma completa subversão de tudo que o esporte representa, sacrificando a confiança pública que é sua força vital. Como o jornalista esportivo Tom Verducci disse sobre a infame "Era dos Esteroides" do beisebol, "diminuiu-se a confiança em um jogo limpo, já que empregos e jogos estavam sendo decididos por quem tinha o melhor químico".

Après cela, le déluge? No final, a questão das drogas tende a dar uma guinada pragmática. Os defensores da legalização apontam para a ineficácia das políticas atuais, argumentando que os governos se posicionam como Canuto contra a maré implacavelmente crescente, e que sua postura está cada vez mais fora de sintonia com o sentimento e a prática popular. Por outro lado, proibicionistas geralmente pintam um quadro de abuso catastrófico e epidêmico na esteira da legalização. Então, o que realmente aconteceria se as drogas fossem descriminalizadas?

> **"A proibição não deu certo; a legalização é a solução menos pior."**
> *The Economist,* 2009.

A evidência disponível, tal como ela é, não sugere que uma catástrofe possa acontecer. A consequência mais importante seria que o abuso de drogas poderia ser tratado não como uma atividade criminosa, mas como uma questão de saúde pública. O comércio de drogas, tirado das mãos de criminosos, poderia ser regulamentado e a qualidade de seus produtos devidamente monitorada; os preços cairiam e os impostos poderiam ser recolhidos. Recursos, financeiros e outros, atualmente dedicados ao policiamento e encarceramento, poderiam ser canalizados para pesquisa, reabilitação e educação, o que – a evidência do tabaco sugere –, com o tempo, levaria a um uso mais moderado. O mais importante de tudo, talvez, é que mais atenção poderia ser dada à exclusão social e à falta de oportunidade que levam inicialmente algumas das pessoas mais desesperadas a recorrer às drogas.

As implicações da descriminalização são, até certo ponto, uma questão de especulação – e muitos dirão que a análise dada pelo lobby da legalização é perigosamente ingênua. A especulação deve, em todo caso, estar bem informada, e o requisito mínimo para isso é um debate aberto e honesto. As perspectivas de tal sinceridade, no atual clima político, são desanimadoras.

A ideia condensada
Controlando o comércio da miséria – e do prazer

38 Libertação animal

Nos últimos cinquenta anos, a questão do bem-estar animal passou das margens do debate público para um lugar central. O período de algumas décadas testemunhou o surgimento de um grande movimento político que atraiu milhões de apoiadores em todo o mundo. Essa explosão de ativismo foi originalmente provocada pelo trabalho de alguns filósofos acadêmicos, que, na década de 1970, começaram a expressar preocupações sobre o abuso e a exploração de animais não humanos, principalmente em pesquisas e produção de alimentos.

Um evento seminal na luta pela libertação animal, ou pelos direitos dos animais, ocorreu em 1975 com a publicação do livro *Libertação animal*, do filósofo australiano Peter Singer. Depois de analisar as condições chocantes normalmente encontradas em fazendas de confinamento e laboratórios de pesquisa, Singer questiona o baixo status moral atribuído aos animais e defende que seus interesses precisam ser considerados ao lado dos interesses dos humanos.

É certo, então, que milhares de macacos e grandes primatas, para não mencionar milhões de ratos, camundongos, gatos e cachorros, sejam usados em pesquisas médicas e testes de produtos? É certo que literalmente bilhões de animais, como vacas, ovelhas, porcos e galinhas, sejam abatidos para nos fornecer carne?

"Coisas" sob o domínio do homem   O nome do movimento moderno enfatizava o sentimento de que os animais precisavam de libertação, não de (apenas) tratamento humanizado. Havia ecos do movimento pela libertação feminina, que buscava direitos iguais para mulheres e fim da dominação masculina, mas talvez mais significativa fosse a implicação de que

linha do tempo

Século IV a.C.	Séculos IV-V	Século XVII
Aristóteles coloca os seres humanos no topo de sua hierarquia da vida.	Santo Agostinho afirma que os animais existem apenas para servir a humanidade.	René Descartes acredita que animais são como autômatos sem consciência.

os animais precisavam ser libertados da sujeição ou servidão. Os animais geralmente são classificados na lei como "coisas jurídicas", isto é, constituem apenas objetos a serem possuídos, usados e descartados por "personalidades jurídicas" (ou seja, humanos). Portanto, os animais têm precisamente o status de escravos humanos, não gozando de qualquer direito próprio, e protegidos por lei apenas como propriedade legal de seus donos.

Os direitos são certos?

Muitas vezes, o movimento de libertação animal é referido como o movimento pelos direitos dos animais, e o principal ponto de discordância – o problema de quanto valor moral (se houver) devemos atribuir aos animais – é frequentemente apresentado como uma questão de direitos. Mas é útil introduzir a noção de direitos? A ideia de direitos está carregada de bagagem conceitual – supõe impor deveres a seus portadores, ou haver reivindicações que possam ser apresentadas contra outros, ou envolver alguma forma de reciprocidade: na verdade, os tipos exatos de deveres e relações que nunca poderiam, real ou literalmente, existir entre humanos e animais. De modo instintivo, muitos sentem que os animais, ou pelo menos alguns animais, merecem tratamento humanizado – tratamento que atualmente quase nunca recebem. Como esse sentimento comum é explicado e teorizado é importante, mas há o perigo de que ele se torne obscuro ou esquecido se o argumento for resolvido em uma falsa dicotomia entre ter direitos e não ter direitos.

Na maioria das vezes, até pouco tempo, advogados, filósofos e teólogos estavam amplamente de acordo sobre o status moral dos animais. A visão bíblica predominante é de que os animais, sem alma, foram colocados por Deus sob o domínio do homem. Santo Agostinho apoia essa visão, insistindo que os animais existem apenas para o benefício dos humanos, enquanto Tomás de Aquino sugere que a única razão para não os tratar cruelmente é o perigo que esse hábito pode trazer para as relações com nossos semelhantes.

Sempre houve vozes filosóficas dissonantes, mas Aristóteles, no século IV a.C., estabeleceu o tom predominante com sua visão de que há uma hierarquia de todas as coisas vivas na qual a função das formas inferiores é servir às necessidades das superiores na "cadeia dos seres" – que, para Aristóteles, significava seres humanos, em virtude de sua racionalidade. Immanuel

1785
Segundo Immanuel Kant, os animais não são racionais e, portanto, não têm valor moral intrínseco.

1789
Jeremy Bentham defende que o sofrimento dos animais é a questão-chave na determinação de seu valor moral.

1975
O livro *Libertação animal*, de Peter Singer, inspira o movimento moderno de libertação animal.

1983
Tom Regan defende que os animais, como "sujeitos de uma vida", merecem ter direitos.

Kant, cuja teoria ética é toda baseada na supremacia da razão, está de acordo com isso, acreditando que os animais não são racionais e, portanto, não têm valor moral em si mesmos. O mais hostil de todos é Descartes, que considerava os animais pouco mais do que autômatos, cujos movimentos não eram prova de qualquer sentimento ou inteligência interior.

De chimpanzés e galinhas   Entre as vozes dissonantes, a principal era a do filósofo utilitarista inglês Jeremy Bentham, que antecipou o movimento de libertação animal por quase dois séculos. Com grande presciência, ele escreveu, em 1789:

> Talvez chegue o dia em que o restante da criação animal venha a adquirir os direitos que jamais lhes poderiam ter sido negados, salvo pela mão da tirania [...] um cavalo ou cachorro adultos são muito mais racionais, além de bem mais sociáveis, do que uma criança de um dia, ou de uma semana, ou mesmo de um de mês de idade. Mas suponhamos que fossem de outra maneira, o que isso adiantaria? A questão não é "Eles podem *raciocinar?*", ou "Eles conseguem *falar?*", mas "*Eles podem sofrer?*".

> **"O verdadeiro teste moral da humanidade, seu teste fundamental [...] consiste em sua atitude em relação àqueles que estão à sua mercê: os animais."**
>
> Milan Kundera,
> *A insustentável leveza do ser*, 1984.

Ao considerar o status moral dos animais, os filósofos contemporâneos que partem de Bentham foram além do "sofrimento", restritamente concebido. Eles propõem que devemos considerar não só a dor e o prazer experimentados pelos animais, mas também atributos como sua inteligência e autonomia.

Para um utilitarista como Singer, o bem-estar geral, para o qual a experiência de prazer e dor contribui, é a medida para saber se algo está certo ou errado; e ele propõe que, nessa avaliação, deve ser dada igual consideração a interesses humanos e não humanos. Isso não significa que uma galinha e um humano devam necessariamente ser tratados da mesma forma, mas a questão não deve ser decidida com antecedência, só com base no fato de que os humanos são humanos. Demonstrar essa preferência, na ausência de qualquer diferença moralmente relevante entre os casos, é um exemplo de "especismo" – uma perspectiva semelhante ao racismo e ao sexismo, que exibem preconceitos semelhantes com base na raça e no sexo (ver página 159). Assim, se for determinado que uma galinha mantida em condições terríveis em uma gaiola de granja sofre mais do que nós por sermos privados de sua carne, nosso consumo da carne e os métodos de confinamento utilizados para produzi-la são moralmente errados.

Um defensor do uso (digamos) de chimpanzés na pesquisa médica poderia argumentar, novamente por razões utilitárias, que tal prática é justificada porque o sofrimento causado aos animais é superado pelos benefícios que essas pesquisas produzem sob a forma de novos medicamentos e tecnologias. Mas, se o argumento de Singer estiver correto, esses mesmos benefícios justificariam o uso de um humano com lesões cerebrais em vez de um chim-

> ### Animais como sujeitos de uma vida
>
> Grande parte do fundamento intelectual subjacente ao moderno movimento de libertação animal foi estabelecida pelo filósofo utilitarista Peter Singer. No entanto, o argumento não se apoia em uma perspectiva utilitária. Outra voz influente no movimento é o filósofo americano Tom Regan, que defende que animais – pelo menos animais acima de certo nível de complexidade – deveriam gozar de direitos morais básicos por possuírem habilidades cognitivas semelhantes àquelas que justificam conferir esses direitos aos humanos. Esses animais são "sujeitos de uma vida", nas palavras de Regan, e inerentemente valiosos. Portanto, seus direitos são violados quando eles são tratados de modo instrumental, como um meio para um fim – como fonte de carne, por exemplo, ou como sujeitos de experimentação ou teste de produtos.

panzé saudável, desde que o sofrimento geral causado ao humano (e a quaisquer outros afetados) fosse menor do que o sofrido pelo chimpanzé.

Esse tipo de conclusão é surpreendente, talvez até chocante, mas segue como uma questão de consistência lógica – desde que concordemos que uma perspectiva especista é algo que devemos evitar. Mesmo assim, permanecem dificuldades formidáveis, tanto práticas quanto teóricas (ver capítulo 39). Pois como vamos determinar o sofrimento de uma galinha em uma gaiola de granja?

A ideia condensada
Direitos dos animais, maus-tratos aos animais

39 O paradoxo da pesquisa

"Ao pesquisador cruel não se pode consentir ter as duas coisas ao mesmo tempo. Ele não pode defender a validade científica da vivissecção com base nas semelhanças físicas entre o homem e os outros animais, e então defender a moralidade da vivissecção com base no fato de que homens e animais são fisicamente diferentes. As únicas alternativas lógicas para ele são admitir que é pré-darwinista ou assumir que é imoral."

Escrevendo em 1971, Richard Ryder, um dos pioneiros do moderno movimento pelos direitos dos animais, destaca um desagradável paradoxo em relação à vivissecção – a dissecação de animais vivos para fins de pesquisa – e outras formas de experimentação animal. Simplificando, essa experimentação parece se basear em duas suposições: sua utilidade depende de os animais envolvidos serem semelhantes a nós; sua moralidade depende de serem diferentes. Deveria ser possível resolver a questão, pode-se supor, simplesmente estabelecendo se os animais (não humanos) são ou não como nós. Mas na verdade as coisas são muito mais complicadas do que isso.

Mosquitos também têm sentimentos? Alguns animais são obviamente muito mais parecidos com seres humanos do que outros. Temos pouca semelhança com mosquitos, lesmas e outros invertebrados; em termos evolutivos, eles são parentes distantes e têm pouco em comum conosco no modo como vivem ou como seu corpo funciona. A realização de experimentos neles ou com eles pode aumentar nossa compreensão de pragas agrícolas, por exemplo, ou de transmissão de doenças, mas geralmente não nos permite inferir qualquer coisa útil sobre como *nosso* corpo funciona. É apenas o estilo de vida desses animais que invade o nosso; assim, há potenciais benefícios em compreendê-los melhor.

linha do tempo

1871
A origem do homem e a seleção sexual, de Charles Darwin, defende que não há diferenças básicas entre seres humanos e outros animais.

1964
O tratamento a animais de pesquisa nos Estados Unidos é regulado pela Lei de Bem-Estar Animal.

Especismo

O termo "especismo" foi cunhado pelo psicólogo Richard Ryder, de Oxford, em 1970, para descrever uma forma de discriminação baseada na filiação de espécies, exatamente como o racismo e o sexismo são discriminações com base na raça e no sexo. Não é necessariamente "especista" tratar as espécies de forma diferente, assim como não é necessariamente sexista negar aos homens acesso à mamografia. Em vez disso, Ryder tem em mente casos em que os interesses maiores dos animais não humanos são ignorados pelos interesses humanos apenas porque os últimos são humanos. Para evitar a acusação de preconceito, deve haver alguma razão moralmente relevante para se fazer tal distinção. Pode ser aceitável matar um mosquito porque ele ajuda a espalhar a malária, ou até mesmo porque dá uma picada irritante, mas não simplesmente porque é um mosquito.

Esses animais são obviamente muito diferentes de nós. No entanto, podemos questionar se o fato de serem diferentes faz que seja moralmente aceitável realizar experimentos com eles. A constatação da diferença não deve, por si só, ter qualquer peso moral. Os seres humanos são diferentes de todas as formas, mas esse fato não autoriza um indivíduo ou grupo a explorar outros indivíduos ou grupos. Se eu for mais forte ou mais esperto ou mais rico ou mais branco do que você, não me sinto assim justificado a trancá-lo em uma gaiola e realizar experimentos com você.

Defensores dos direitos dos animais geralmente insistem que a questão crítica ao se determinar o grau de consideração moral devida a um animal é seu nível de consciência – em particular, sua capacidade de sentir dor e prazer. Pode ser verdade que um mosquito, por exemplo, seja menos complexo em sua organização física do que um ser humano, mas esse fato por si só não nos diz muito sobre o estado de consciência do animal. A verdade é que não temos a *menor* ideia de como é ser um mosquito ou qualquer outro animal. Nem se os supostos animais "inferiores" sentem coisas com menos intensidade do que nós. Comparados às pessoas, os cães têm um olfato bem mais apurado, e muitos pássaros têm visão mais aguçada. É razoável supor que os animais com um sentido particularmente agudo sofram mais se forem expostos a um estímulo muito intenso e desagradável a esse sentido.

1970
Richard Ryder cunha o termo "especismo".

1986
No Reino Unido, experimentos envolvendo vivissecção são controlados pela Lei dos Animais (Procedimentos Científicos).

Entrando na mente dos animais

Podemos concordar que a consideração moral devida aos animais deve ser determinada por sua capacidade de sentir dor e prazer. Mas como avaliamos essa capacidade? Se vejo você bater em seu polegar com um martelo e o ouço soltar um grito alto, suponho que a sua sensação seja a mesma que eu teria tido nas mesmas circunstâncias: dor. Esse tipo de analogia com nossa própria experiência é tudo o que temos que fazer quando se trata de compreender os animais. A maioria dos mamíferos reage a estímulos (que nós consideramos ser) dolorosos da mesma forma que nós – afastando-se de uma fonte de dor, emitindo uma série de guinchos e gritos etc. –, então é plausível supor que sua experiência subjetiva também seja semelhante. Estamos em terreno relativamente seguro para fazer essas inferências sobre nossos parentes próximos, macacos e grandes primatas, mas o método de analogia é definitivamente precário quando se trata de parentes distantes, como insetos, lesmas e águas-vivas. A verdade é que não temos absolutamente qualquer ideia de como esses animais experimentam seu mundo.

Não há diferença fundamental Por outro lado, há alguns animais que são, em certos aspectos, muito semelhantes aos seres humanos. Como Ryder sugere na citação de abertura, toda a nossa compreensão das espécies animais e suas relações foi revolucionada pela teoria da evolução por seleção natural de Charles Darwin, que é aceita por todos os biólogos como a base de seu estudo. Segundo a teoria, as espécies animais estão mais ou menos relacionadas, dependendo de quão recentemente elas compartilham um ancestral comum. Com base nisso, em ordem de parentesco cada vez mais próximo, os humanos são vertebrados (como peixes, répteis e pássaros), mamíferos (como cachorros, leões e ovelhas) e primatas (como macacos e grandes símios). Em geral, somos mais parecidos com nossos parentes mais próximos, tanto anatômica (na estrutura de nossos corpos) quanto fisiologicamente (na forma como nossos corpos funcionam).

Dadas essas semelhanças, é certamente plausível afirmar que podemos aprender muito sobre o funcionamento dos seres humanos estudando nossos parentes próximos no reino animal e realizando experimentos (incluindo a vivissecção) neles. De fato, é inegável que muito *foi* aprendido assim. Várias pesquisas médicas, por exemplo, não poderiam ter sido feitas sem o uso de macacos e grandes primatas. Mas são precisamente as semelhanças – que fazem desses animais objetos de experimentos esclarecedores – que nos levam a supor que sua experiência consciente, incluindo a sensação de dor, é similar à nossa (ver quadro acima). "Não há diferença fundamental", escreve Darwin, "entre o homem e os mamíferos superiores em suas faculdades mentais." E se não há diferença fundamental nas faculdades mentais – e aqui até mesmo o "pesquisador cruel" de Ryder parece estar de acordo, pelo menos implicitamente –, também não deve haver diferença fundamental na consideração moral.

O custo animal e o custo humano Parece, então, que o argumento do pesquisador cruel se desfaz. De fato, alguns animais são muito diferentes de nós, mas outros são muito semelhantes, e estes últimos provavelmente serão os mais úteis na experimentação destinada a dar um insight da forma como os humanos funcionam. Então, quanto mais próximo o parente, mais úteis e confiáveis são os dados que podem ser derivados da experimentação com ele – e, seguindo a lógica do pesquisador cruel, mais antiética essa experimentação se torna.

> "Alguns se refugiarão no velho clichê de que os humanos são diferentes dos outros animais. Mas quando uma diferença justificou um preconceito moral?"
>
> Richard Ryder,
> pioneiro dos direitos dos animais, 1970.

Tal linha de raciocínio não faz da pesquisa com animais uma prática errada, mas enfatiza a questão de que devemos ponderar os verdadeiros benefícios e custos (incluindo o sofrimento do animal) e não nos esconder atrás de argumentos enganosos. Pode ser que os benefícios, em termos de saúde ou prosperidade humanas, sejam suficientes para justificar os custos, mas é importante perceber que o preço é pago não apenas pelos animais envolvidos, mas também por nós. A experimentação animal pode nos permitir viver mais e com mais saúde, mas a nossa humanidade não se apoia, em última instância, em sermos longevos e livres de doenças; o respeito que demonstramos pelos outros animais é uma marca de nossa magnanimidade como espécie, e isso é inevitavelmente reduzido quando mostramos, por nossas ações, que atribuímos pouco valor a suas vidas.

A ideia condensada
Beneficiando-se
dos parentes

40 Comendo animais

Imagine viver como uma porca reprodutora. Não é uma vida longa – você provavelmente será abatido antes de seu quarto aniversário. Ainda assim, você não faz muito mais do que comer, então tem muito tempo para crescer bastante, talvez até 250 quilos. Apesar do seu tamanho, você passa a maior parte de seus dias em uma apertada jaula com grades de metal, tão estreita que nem consegue se virar, e com um piso de concreto sob as patas. Talvez você seja levado umas cinco vezes na vida para outra pocilga apertada, onde pare uma ninhada de leitões que ficam separados para sempre por barras e são logo removidos para encarceramento ou abate.

Essa não é só uma porca – é uma porca de fazenda de confinamento. É claro que as condições e regulamentações variam de país para país, e alguns regimes nesse tipo de propriedade são piores do que outros. Mas esses métodos de confinamento intensivos sempre implicam que os porcos não possam fazer o tipo de coisa que porcos gostam de fazer – socializar, chafurdar na lama, fuçar o solo em busca de comida, cuidar de seus filhotes. Em vez disso, esses animais extremamente inteligentes passam uma vida de miséria e frustração. E o mesmo acontece com outros animais intensivamente confinados, como vacas e galinhas.

Alguns desses métodos são inevitáveis para a demanda global por carne e laticínios baratos, atualmente na ordem de centenas de milhões de toneladas por ano, ser satisfeita. Então, é certo que muitos bilhões de animais não humanos vivam vidas curtas e miseráveis para satisfazer o desejo humano por carne?

Necessidade ou prazer? A suposição subjacente ao consumo humano de carne é de que outros animais são inferiores ou menos valiosos do que

linha do tempo

Séculos I-II	1859
Plutarco condena a prática de comer carne.	*A origem das espécies*, de Charles Darwin, apresenta a teoria da evolução por seleção natural.

os homens; eles são colocados na Terra apenas para atender às necessidades humanas (ver página 155). Essa visão ainda é muito difundida, embora, de uma perspectiva científica, seja bem mais difícil sustentá-la à luz da teoria da evolução de Darwin, que sugere que não há diferença essencial entre animais humanos e não humanos e que eles fazem parte de um único *continuum* da vida.

Não é verdade que os humanos *precisam* de carne em sua dieta para se desenvolver; um testemunho disso são os milhões de vegetarianos no mundo hoje. Na verdade, de uma perspectiva ecológica, há um forte argumento para dizer que os humanos *não* devem comer carne. A ideia de que os métodos de confinamento intensivo são uma resposta necessária ao problema de se alimentar a crescente população mundial é o oposto da verdade. O cultivo de alimentos com o objetivo de nutrir animais confinados em fazendas, convertendo-os em carne, faz que boa parte de seu valor energético seja perdida nesse processo. Consumir alimentos vegetais diretamente, e não pelos canais alimentares de animais produtores de carne, nos daria uma chance melhor de alimentar, e rápido, o crescente número de bocas humanas.

Assim, é difícil justificar a opção por comer carne produzida pelos métodos de confinamento intensivo de hoje – isto é, se você aceitar que animais como porcos são inteligentes e merecem pelo menos um tratamento minimamente humanizado. A única base segura sobre a qual construir uma defesa talvez seja a inegável verdade de que muitos humanos gostam de consumir carne. A questão, então, é se o prazer obtido pela degustação da carne é suficiente para justificar a quantidade de sofrimento causado aos detentores originais daquela carne.

O caminho natural

Sugere-se às vezes que a predação é instintiva e, portanto, um "caminho natural" para os humanos comerem carne. É verdade que muitos animais, como tigres e crocodilos, são intrinsecamente carnívoros, predando outros animais para sua alimentação, mas o que é natural para um tigre não o é para um humano, e em geral se aceita a tese de que os primeiros homens eram originalmente comedores de plantas. De qualquer modo, o fato de um hábito ser "natural" não significa necessariamente que seja bom ou algo que devamos tentar imitar. Os leões machos seguem sua natureza ao matar os descendentes de um rival, mas na sociedade humana esse comportamento é geralmente desaprovado.

1860
Ralph Waldo Emerson vê o vegetarianismo como vital na busca pela perfeição moral.

2006
O consumo global de carne suína se aproxima de 100 milhões de toneladas.

> **Homem no cardápio**
>
> Hoje há um forte tabu contra o canibalismo, mas nem sempre foi assim. Ao longo da história humana, a prática de humanos comerem a carne de outros humanos foi muito difundida, frequentemente como um tipo de observância ritual e até mesmo como forma de alimento. A visão de cadáveres humanos pendurados em açougues compreensivelmente nos enche de repulsa, mas o problema aqui é, pelo menos em parte, a notória falta de respeito (uma questão que devemos considerar quando vemos animais não humanos pendurados em ganchos de açougues). Muitas pessoas desejam se aproximar da natureza para viver como membros integrais de uma ecologia mais ampla. O que poderia ser mais natural do que reciclar nosso corpo entrando na cadeia alimentar? Não é óbvio o que estaria realmente errado com essa prática, desde que realizada com o devido respeito – e, é claro, com o consentimento do doador/jantar.

Muitos sentem que a resposta para isso tem que ser "não", e, assim, os mais conscientes mudam seus hábitos.

Os porcos devem ser gratos pelo bacon? Mas o que dizer dos animais de criação (reconhecidamente uma pequena minoria) que são mantidos em condições relativamente humanizadas? É razoável supor que esses animais, tendo liberdade para se locomover e se comportar como quiserem, levam em geral uma vida agradável. Desde que seu abate seja tanto imprevisível quanto indolor, há alguma objeção ao fato de comermos sua carne? Sem dúvida, esses animais não existiriam se não fosse pelo valor de sua carne – são criados especificamente para esse fim –; assim, não é uma coisa boa para os próprios animais que nosso gosto por carne lhes dê a oportunidade de ter uma vida feliz (ainda que breve)?

A maioria das pessoas provavelmente acha que uma vida curta e feliz é melhor do que nenhuma vida. Muitos de nós, é claro, acabam vivendo uma vida assim, geralmente sem o saber com antecedência. Essa parece ser a mesma situação dos animais mantidos em condições de liberdade. Porém, faz diferença se o fim da vida for causado deliberadamente. Poderíamos nos alegrar pelo fato de a vida de alguém que foi assassinado ainda jovem ter sido feliz; no entanto, diríamos que, embora tenha vivido bem, sua vida acabou tristemente e cedo demais: a forma como morreu foi errada, em parte porque a felicidade anterior não teve permissão para continuar. De modo semelhante, os interesses de um animal em liberdade – em particular, seu interesse em continuar levando uma vida feliz – são (fatalmente) prejudicados por sua morte. Pode ser que o animal nem existisse se não gostássemos de sua carne, mas o fato de criarmos algo não nos dá o direito de matá-lo. Geralmente escolhemos trazer bebês ao mundo, mas não podemos mudar de ideia depois que fazemos isso.

Avestruzes carnívoros Tudo o que pode ser dito com segurança é que é *melhor* comer carne produzida de forma humanizada do que os produtos de fazendas de confinamento. A explicação, embora não a justificativa, para nossa disposição em comer a última é, com frequência, um tipo de ignorância intencional. Podemos estar vagamente cientes do que está envolvido nos processos de produção – mas talvez não tão vagamente quanto desejaríamos, e nos esforçamos para não descobrir mais. No entanto, pode permanecer um sentimento de culpa. Como o ensaísta americano Ralph Waldo Emerson observou: "Por mais que o matadouro esteja escrupulosamente escondido à graciosa distância de quilômetros, há cumplicidade".

> **Por causa de um pequeno bocado de carne privamos uma alma do sol e da luz, e do gozo daquela porção de vida e tempo para os quais ela tinha vindo ao mundo.**
>
> **Plutarco,**
> **ensaísta grego, séculos I-II.**

A ideia condensada
Os direitos e injustiças em relação à carne animal

41 A santidade da vida

A medicina e as ciências biológicas avançaram a passos largos no século passado. Esse progresso deu aos profissionais uma capacidade sem precedentes de controlar o destino humano, especialmente de exercer significativo controle sobre questões de vida e morte. Mas o fato de que as vidas podem ser prolongadas e as mortes adiadas não significa necessariamente que a vida extra adquirida é valiosa ou vale a pena ser vivida.

Hoje, as pessoas geralmente vivem muitos anos a mais do que há um século; doenças que já foram uma sentença de morte são agora rotineiramente curadas; bebês que nunca teriam vingado agora podem sobreviver por décadas. Mas bebês com graves deficiências inevitavelmente são um fardo para aqueles que cuidam deles; e para os idosos e enfermos, viver mais não é sempre viver melhor. Nós nos tornamos adeptos do prolongamento da vida, embora nem sempre sejamos tão bons em atribuir um valor adequado a ela. Uma vida sempre vale a pena ser vivida, ou às vezes é melhor ser interrompida?

Santidade *versus* qualidade de vida Em algumas tradições religiosas, a vida – a vida humana, de qualquer forma – é sacrossanta. Segundo o ensinamento cristão, a vida é um dom de Deus; cada corpo é o templo físico da alma, um espírito imaterial que é o aspecto mais íntimo do nosso ser. Pôr fim à vida é "brincar de Deus", no sentido de que, ao fazê-lo, assumimos uma prerrogativa que pertence apenas àquele que nos criou. É pecaminoso, então, não respeitar a "santidade da vida", demonstrar ingratidão a Deus falhando em valorizar o inestimável presente que ele nos concedeu.

Adotando uma perspectiva secular, muitos filósofos rejeitam a ideia de que a vida é intrinsecamente valiosa, ou boa em si mesma; eles acreditam, em

linha do tempo

1973
A decisão *Roe vs. Wade*, da Suprema Corte dos Estados Unidos, apoia o direito ao aborto até a viabilidade (quando o embrião é capaz de sobreviver fora do útero).

1981
As primeiras células-tronco embrionárias são obtidas de embriões de camundongos.

vez disso, que há algumas circunstâncias em que seria melhor pôr fim à vida. Chegando-se a decisões desse tipo, a autonomia do indivíduo é normalmente suprema: de modo geral, supõe-se que cada pessoa esteja na melhor posição para avaliar o valor de sua própria vida e, portanto, decidir, em última instância, se sua vida vale a pena de ser vivida.

Pró-escolha ou pró-vida Convicções religiosas muitas vezes exacerbam a disputa entre aqueles que apoiam o aborto ("pró-escolha") e os que se opõem a ele ("pró-vida"). O principal ponto de discordância é o status moral dado ao embrião. No momento do nascimento, a criança é (poucos discutiriam) uma pessoa distinta com direitos e interesses básicos que merecem plena consideração moral; a maioria diria que matar um bebê totalmente desenvolvido é errado. Mas, quando o embrião alcança o status de pessoa, no sentido de ter direitos e interesses, e como esses direitos e interesses devem ser pesados contra os da mãe?

A visão cristã, e mais particularmente a católica, é de que o embrião é dotado de uma alma no momento da concepção, e é isso que o torna uma pessoa digna de consideração moral. Dessa perspectiva, nunca há um momento em que os interesses da mãe possam "triunfar" sobre os do embrião: interromper o desenvolvimento do embrião nunca é permissível; aborto é assassinato.

Um biólogo, em vez disso, entende a gestação humana como um processo gradual de desenvolvimento ao longo do tempo. Não há um ponto em que se possa dizer que um embrião deixa de ser uma coleção de células em divisão para tornar-se um ser humano. Nas duas primeiras semanas, o embrião é uma bola de células sem sistema nervoso

Células-tronco embrionárias

A questão de quanta consideração moral devemos dar à vida humana em seus estágios iniciais é levantada pelo uso de células-tronco embrionárias em pesquisas. Essas células são "totipotentes", isto é, podem se desenvolver em qualquer um dos muitos tipos diferentes e especializados de células do corpo. O objetivo final é transplantar essas células para partes lesionadas do organismo, como o cérebro ou a medula espinhal, onde se desenvolverão e substituirão permanentemente as células danificadas. No entanto, os embriões em estágio inicial, a partir dos quais essas células são obtidas, são destruídos no processo de colheita e, por isso, esse tipo de pesquisa é visto por alguns críticos como não menos moralmente censurável do que o aborto.

1993
O suicídio assistido por médicos (PAS, na sigla em inglês) é descriminalizado na Holanda.

1994
A Lei da Morte com Dignidade, que permite o suicídio assistido por médicos, é aprovada no Oregon, Estados Unidos.

central, de modo que não há possibilidade de ter qualquer consciência de dor. Nesse momento, não se pode afirmar que tenha uma identidade individual e, sem dúvida, ainda pode se desenvolver em dois (ou quatro) embriões distintos. A partir desse ponto, o embrião se desenvolve gradualmente, à medida que o cérebro e a medula espinhal, depois os membros, tornam-se cada vez mais aparentes. O valor que atribuímos ao embrião também é incremental, aumentado conforme a vida incipiente se aproxima de uma forma reconhecidamente humana e de uma "pessoalidade". Nos países onde o aborto é permitido, essa compreensão do desenvolvimento é geralmente refletida na legislação, que é mais permissiva à interrupção prematura. Em outras palavras, à medida que o embrião se desenvolve, seus interesses são cada vez mais priorizados em detrimento dos interesses da mãe.

Morrendo com dignidade? A ideia de que a vida humana é sacrossanta e deve ser protegida a todo custo não é menos relevante na questão da eutanásia, em que uma vida já em andamento é encerrada. De fato, a distinção entre eutanásia e aborto não precisa ser muito grande. A menos que seja atribuída uma importância especial ao nascimento – um evento que em si parece moralmente insignificante –, aquele que apoia o aborto de um feto com mais de vinte semanas cujas perspectivas de vida são extremamente ruins não pode, com consistência, opor-se à morte (na verdade, eutanásia neonatal) de um recém-nascido com perspectivas semelhantes.

A diferença mais significativa, no caso da eutanásia, é que ela pode ser voluntária. Um paciente, no geral alguém com uma doença terminal e sofrendo uma dor que já não pode ser adequadamente administrada por medicamentos, pode achar que sua vida não vale mais a pena de ser vivida e solicitar assistência para levá-la a um final indolor e (que ela considera) digno. Em geral, a posição liberal aqui é que não compete ao Estado interferir nas opiniões de seus cidadãos em assuntos que não prejudicam terceiros; nesses casos, a autonomia de um indivíduo – seu direito de tomar decisões que afetam o curso de sua própria vida – deve ser suprema e seus desejos, respeitados.

Uma objeção comum à eutanásia voluntária é simplesmente a de que retirar ativamente uma vida é incompatível com o papel e o propósito do médico: curar e cuidar dos pacientes. É verdade que matar nunca fez parte da descrição do que um médico faz, mas isso não diz nada sobre o que ele *deve* fazer. Certamente é preciso respeitar a autonomia de um médico assim como a de seu paciente, e não deve haver nenhuma pressão ou obrigação de realizar a eutanásia se sua consciência sugerir que não convém aplicá-la. Mas, novamente, isso não diz nada do médico que não vê conflito entre seus deveres e um pedido de eutanásia.

Deixando isso de lado, as principais objeções à eutanásia voluntária são práticas, questionando se é possível estabelecer salvaguardas adequadas para evitar mau uso (ver quadro a seguir). Ao focar os aspectos práticos, os críticos podem parecer admitir que a eutanásia realizada com a concordância total do paciente é justificada, em casos específicos, pelo menos. Se assim for, a tarefa se torna estabelecer diretrizes suficientemente rigorosas para distinguir os casos admissíveis dos inadmissíveis.

Ladeiras escorregadias

Talvez a objeção mais comum levantada contra a eutanásia voluntária seja a de que ela representa o primeiro passo em uma ladeira perigosamente escorregadia: permitir que uma prática (discutivelmente) aceitável – suicídio assistido por médico a pedido do paciente – conduza inexoravelmente a outras práticas mais detestáveis, como a eutanásia não voluntária. Não há nada que indique ser inevitável essa descida, no entanto. O ponto crucial sobre a eutanásia voluntária é o consentimento do paciente. As complicações surgem, certamente, quando os pacientes perdem a capacidade de consentir, e as salvaguardas precisam ser estabelecidas para garantir que não haja mau uso do sistema. Coisas como declaração de vontade sugerem um caminho a seguir, mas talvez salvaguardas adequadas não possam ser criadas e a prática deva permanecer ilegal, como é hoje na maioria dos países. Mas essa é uma consideração puramente prática, sem implicações claras para outras formas de eutanásia. Um debate distinto pode ser feito para a eutanásia não voluntária, por exemplo, no caso de indivíduos em estado vegetativo persistente. Ainda assim, essas práticas devem ser consideradas por seus próprios méritos – não há uma razão convincente para vê-las no fim de uma ladeira escorregadia.

A ideia condensada
Valorizando a vida,
abreviando a vida

42 Morte

Timor mortis conturbat me ("O medo da morte me perturba"). O refrão do famoso lamento de William Dunbar capta uma verdade universal: nada na vida nos preocupa tanto quanto o fim dela. Vivemos constantemente à sombra da morte, e muito do que fazemos e pensamos é influenciado pelo fato de que nossa vida é finita e inevitavelmente acabará, mais cedo ou mais tarde.

Talvez uma verdade universal, mas não completamente clara, pois a palavra "morte" tem dois significados bem distintos. A morte que todos nós finalmente encontraremos é um evento, ou, mais precisamente, um processo, que leva a vida a um fim. E enquanto a morte nesse sentido – o processo de morrer – é, por definição, o término da vida, é também parte da vida: não há dúvida de que é algo que nos acontece quando estamos (ainda) vivos. No entanto, a "morte" também pode se referir ao estado ou condição em que estaremos após a morte, no primeiro sentido, terminada a nossa vida; ou – de novo, mais precisamente – pode descrever um estado em que não há "nós", porque os seres que éramos antes já não existem.

Deveríamos ter medo da morte? É racional ter tanto medo? Essas questões significam coisas muito diferentes, dependendo de se querer dizer o processo de morrer ou a condição de estar morto. Não há nada de irracional em temer o processo de morrer, o episódio final de nossa vida. Podemos morrer de repente e sem dor em nosso sono, mas, infelizmente, morrer é muitas vezes algo desagradável, doloroso e indigno. Algumas pessoas podem ser mais estoicas do que outras quando confrontadas com a perspectiva de uma morte desagradável, mas decerto é algo que poderia razoavelmente fazer que alguém se sentisse apreensivo.

Mas e quanto à condição de estar morto? Ou de ter deixado de existir? Ou de ter finalizado a nossa vida na Terra? Algumas pessoas acreditam que o fim da existência terrestre é um ponto de transição para algum tipo de

linha do tempo

Século IV a.C.	Séculos IV-III a.C.	c. 1500
Platão defende que a alma sobrevive à morte do corpo.	Epicuro afirma que a morte não deve nos assustar.	O poeta escocês William Dunbar escreve *The Lament for the Makaris* [O lamento para o makaris].

vida após a morte – outra vida que pode ser melhor ou pior do que a nossa vida na Terra, e que é certamente diferente dela. Outros, sem crença religiosa ou espiritual, acham que morrer é o fim da vida, puro e simples, e sentem que depois da morte nada nos espera, exceto a aniquilação física. As implicações da visão que você adota sobre esse tema dificilmente poderiam ser maiores.

Banindo a sombra da morte

"Tão incerto é o julgamento dos homens que eles são incapazes de determinar até mesmo a própria morte." Assim escreveu o autor romano Plínio, o Velho, no século I, e, em alguns aspectos, o problema ainda nos acompanha. A morte é muitas vezes negativamente definida como a extinção da vida, e isso envolve a irreversível suspensão dos processos e funções que sustentam a existência. Entre esses vários processos, a interrupção da circulação sanguínea tem sido, historicamente, considerada especialmente significativa. Hoje, no entanto, o consenso entre especialistas é de que o fator crucial é a morte cerebral – especificamente, a perda irreversível da função em partes críticas do tronco encefálico. O admirável progresso da medicina em sua capacidade de manter ou prolongar a "vida" – ou melhor, de adiar a falência de muitas das funções que normalmente a sustentam – significou que a morte cerebral pode ocorrer com frequência antes que outros processos vitais tenham cessado. A horrível consequência disso, nas unidades de cuidados intensivos de hoje, é o chamado "cadáver com coração pulsante". Uma resposta ética adequada a esses casos, bem como a questões relacionadas – como o momento de se remover órgãos para transplante –, exige que permitamos que os insights científicos modernos dissipem grande parte do mistério e da superstição que há muito tempo cercam o processo de morrer.

Esperança e medo, céu e inferno Claramente, acreditar que a vida na Terra não é tudo o que existe – que há algum tipo de vida após a morte – pode dar motivos para se ter medo ou esperança, dependendo do que é esperado após a morte. Muitas culturas supõem que temos um componente espiritual – uma alma – que sobrevive à morte do nosso corpo físico. Os egípcios antigos realizavam rituais complexos para preparar os mortos para a vida após a morte; Platão acreditava que a alma existia antes e depois da morte física do corpo; e hindus, cristãos, judeus e muçulmanos modernos têm crenças elaboradas sobre a existência pós-morte.

1932
A peça *A mãe*, de Bertolt Brecht, é encenada pela primeira vez em Berlim.

1979
Em *Mortal Questions* [Perguntas mortais], Thomas Nagel discute se a morte nos prejudica.

Em cada caso, há uma conexão explícita entre a qualidade da vida terrena de um indivíduo e o destino que o espera no além-mundo. Assim, os hindus, por exemplo, supõem que cada indivíduo passa por repetidos renascimentos, cujas duração e forma são determinadas pelo seu carma – efetivamente, o balanço de suas boas e más ações realizadas em encarnações anteriores. O cristianismo e o islamismo, por outro lado, têm elaboradas visões de céu e inferno, onde os indivíduos são recompensados e punidos por seu comportamento na Terra. Para os seguidores dessas religiões, a perspectiva de vida após a morte terrena, dando razões tanto para medo quanto para esperança, provavelmente tem a mais profunda influência em sua observância moral durante seu tempo neste mundo.

> **Carpe diem, quam minimum credula postero** ('aproveite o dia de hoje e confie o mínimo possível no amanhã').
>
> Horácio,
> poeta romano, século I.

A morte é ruim para nós? As pessoas que não acreditam em vida após a morte devem temer a morte? Faz sentido alimentar temores sobre o estado futuro de um mundo em que alguém simplesmente não existe? Um famoso argumento para mostrar que esse medo era inadequado foi levantado pelo filósofo grego Epicuro. Embora a morte seja considerada "o mais terrível dos males", o pensador defende que ela deveria de fato significar "nada para nós, visto que, enquanto somos, a morte não chega, e quando a morte chega, não somos". Em outras palavras, a morte não pode nos tocar porque deixamos de existir e não podemos, portanto, ser prejudicados – e é tolice temer algo que não pode nos prejudicar. Na verdade, argumenta o filósofo, o tempo posterior a termos morrido não é diferente do tempo anterior a nascermos; somos indiferentes ao último, e assim devemos ser em relação ao primeiro.

Nem todos são convencidos pelo argumento de Epicuro. O filósofo americano Thomas Nagel e outros defenderam que a morte é ruim para nós porque prejudica nossos interesses. Não que a condição de estar morto ou inexistente seja ruim em si mesma, podemos admitir – não é isso que torna a morte danosa. É ruim porque impede que tenhamos várias coisas boas que teríamos se não tivéssemos morrido; estaremos em pior situação do que estaríamos de outra forma, porque alguns de nossos desejos centrais inevitavelmente não serão realizados, alguns dos projetos e planos que dão valor a nossa vida permanecerão inacabados.

Então, a morte é prejudicial porque representa uma diminuição da vida e, portanto, uma privação de coisas boas. É por essa razão que temos uma visão diferente do tempo anterior ao nosso nascimento e do tempo posterior à nossa morte. O primeiro, diferentemente do segundo, não nos priva de nada – não somos "impedidos" de desfrutar de coisas que de outra forma poderímos ter. Da mesma maneira, é claro, a morte pode nos fazer bem, impedindo-nos de passar por coisas ruins que teríamos sofrido se tivéssemos vivido.

Viver a vida Se esse é o tipo de dano causado pela morte, a melhor maneira de reduzi-lo é morrer mais tarde. Podemos muito bem administrar isso – vivendo uma vida mais saudável, por exemplo, e assumindo menos riscos –, mas essas são questões de prudência, não de moralidade. Além dessas considerações prudenciais, pode não haver nada que possamos fazer para influenciar a hora de nossa morte. Na medida em que é inútil nos preocuparmos com coisas que estão além do nosso controle, pode ser que Epicuro esteja certo, afinal. Se a morte é uma inevitável privação de coisas boas, o pesar, em vez do medo, pode ser uma resposta mais apropriada para isso. De fato, o melhor de tudo seria seguir o conselho da sempre otimista personagem-título da peça de Bertolt Brecht, A mãe: "Não tenha medo da morte, mas, sim, de uma vida insatisfatória". Devemos viver uma vida plena, aproveitando ao máximo as oportunidades que ela nos dá e prestando mais atenção ao que fazemos do que no que deixamos de fazer.

A ideia condensada
Enfrentando a morte – transição ou esquecimento?

43 Engenharia genética

Tudo sobre nós é afetado pelos genes que herdamos de nossos pais. A maneira como funcionamos e nos comportamos é determinada, até certo ponto, pela informação codificada no ácido desoxirribonucleico (DNA) – a "molécula da vida" – localizado dentro das células que compõem o nosso corpo. O conhecimento sempre em expansão dos processos genéticos foi aprimorado pela descoberta de técnicas que permitem aos cientistas manipular, ou "engendrar", as informações transportadas pelo DNA. A capacidade de influenciar ou controlar coisas como inteligência e aparência – e talvez até clonar indivíduos inteiros – abre como nunca a possibilidade de seres humanos "brincarem de Deus".

Às vezes é dito que somos produto de nossos genes: somos do jeito que somos porque somos constituídos de acordo com um modelo estabelecido por nosso DNA. Esse tipo de determinismo genético é certamente exagerado. Somos também produto do ambiente em que nos desenvolvemos: nossa personalidade, nossos talentos e muitas outras coisas sobre nós são moldados por influências culturais, pelo tipo de educação que recebemos, e assim por diante. Somos como somos, na verdade, por consequência de uma complexa interação entre inúmeros fatores biológicos e ambientais. No entanto, há pouco consenso sobre os respectivos papéis da biologia e do meio ambiente – da natureza e da educação, como às vezes é colocado – nessa interação.

Genes gays, genes da gordura, genes do crime... Os editores de jornais gostam de histórias sobre descobertas genéticas: a descoberta de um "gene gay" que explica a homossexualidade, ou de um "gene da gordura" que determina a obesidade. Esses artigos são em geral extremamente sim-

linha do tempo

1973
O primeiro animal geneticamente modificado – um rato – é criado.

1993
Pesquisas sobre a base genética da sexualidade resultam em um artigo sobre um "gene gay".

plistas, mas contêm um fundo de verdade? Muito da moralidade está relacionado com o que devemos e o que não devemos fazer; se eu disser que algo é errado e que você não deveria agir dessa maneira, sugiro que é possível para você abster-se de fazê-lo. Mas se você é gay porque seus genes o fizeram assim, não faz muito sentido dizer que é certo ou errado. Você estava destinado a ser gay desde o momento de sua concepção, quando uma combinação única de genes de seus pais fez de você a pessoa que você é. Se os genes gays fazem de você gay, ninguém pode ser responsabilizado por esse fato – exceto, talvez, Deus, se foi ele que fez os genes.

Não é necessário acreditar no determinismo completo para achar que os insights sobre nossa constituição genética podem exigir um ajuste de nossas atitudes morais. Por exemplo, vários estudos sugeriram que a probabilidade de se aderir a um comportamento antissocial e criminoso aumenta se um gene em particular, ou uma combinação de genes, estiver presente. Essas alegações permanecem altamente controversas, mas, se fossem confirmadas, as atitudes e suposições atuais seriam obrigadas a mudar. Se fosse possível identificar antecipadamente potenciais criminosos, talvez sua propensão a cometer crimes pudesse ser reduzida ou eliminada por algum tipo de terapia genética, quem sabe baseada em medicamentos. Mais ameaçador é o perigo de as pessoas com determinado perfil genético serem rotuladas de encrenqueiras antes de agirem de forma errada. Embora possa não ser apropriado culpar ou puni-las por seu (potencial) comportamento ruim, ainda pode ser necessário prendê-las para proteger os outros. E se a sua tendência à criminalidade fosse "conectada" a elas por seus genes, poderíamos ter que reduzir qualquer otimismo de que programas correcionais e de reabilitação fizessem muito para mudá-las.

Manipulação de genomas   Desde a década de 1970, vem sendo desenvolvido um conjunto cada vez mais sofisticado de técnicas que permitem que um organismo seja modificado pela manipulação direta de seu genoma (ou seja, seu material genético completo, considerado como um todo). Os genes podem ser removidos, ou novo DNA introduzido, de tal modo que a forma física e as características do organismo são alteradas de alguma maneira desejável: uma planta pode adquirir resistência a determinada praga, por exemplo, ou um mosquito pode desenvolver um ambiente interno que seja inóspito ao parasita da malária, que ele geralmente carrega.

2003
É anunciado o sequenciamento completo do genoma humano.

2007
O gene FTO ("gene da gordura") é vinculado à obesidade em humanos.

> ### Brincadeira de rico
>
> Talvez apenas uma coisa seja certa quanto à engenharia genética humana: ela nunca será barata. As técnicas serão simplificadas e aprimoradas, mas continuarão caras. Se projetar bebês se tornar uma realidade, certamente será uma brincadeira de rico. Somente os endinheirados conseguirão escapar dos caprichos da reprodução sexual não assistida; só eles gozarão do privilégio de dotar sua progênie de vantagens que os diferenciam da plebe. *Plus ça change*. Apenas com base no custo, a engenharia genética seguramente já ofende aqueles que têm uma visão igualitária de justiça social.

No atual ritmo de progresso, não levará muito tempo para que uma modificação extensiva do genoma humano se torne tecnicamente possível. Para dar apenas o exemplo mais divulgado, é provável que sejam desenvolvidas técnicas que permitam aos pais não apenas escolher o sexo de seus futuros descendentes, mas também determinar, ou pelo menos influenciar, várias características desejáveis, como inteligência, aptidões e aparência física. Mas é certo que os pais exerçam esse poder?

Projetando bebês É provável que em breve estejam disponíveis terapias genéticas para evitar que as crianças herdem de seus pais uma série de doenças altamente debilitantes. Muitas pessoas aceitariam que pais tivessem o direito de fazer uso desses meios, mas, ainda assim, rejeitariam a ideia de que métodos essencialmente similares fossem usados para aumentar a probabilidade de um filho ter, digamos, inteligência acima da média. Os dois atributos – ser saudável e ser inteligente – são basicamente bons para a criança e, supõe-se, melhorarão suas perspectivas de vida. Promover os interesses dos filhos parece ser exatamente o tipo de coisa que os pais devem fazer. Então, o que torna a intervenção genética aceitável em um caso (prevenir doenças) e não no outro (aumentar a inteligência)?

Uma objeção à ideia de se fabricar uma criança de acordo com a lista de desejos dos pais está precisamente na relação desequilibrada que isso implica entre os dois lados. Muito do nosso valor como seres humanos reside em nossa individualidade, e muito de nossa autoestima, em nosso senso de autonomia e independência em relação aos outros; cada pessoa está, ou deveria estar, "por conta própria", independente em pensamento e ação. Tudo isso é prejudicado pela ideia de que somos como somos porque outra pessoa decidiu como deveríamos ser: a dignidade humana exige mais do que isso.

Aceitando as combinações casuais da reprodução sexual, os pais em geral amam seus filhos simplesmente porque são seus; eles os amam incondicionalmente. Mas e se houver um "modelo" – se tiverem elaborado uma especificação prévia para seu filho – e a criança não corresponder às linhas gerais do projeto? Um fardo de expectativa será colocado sobre os ombros de um "bebê designer" e, no final, é mais provável que seja a própria criança a sofrer. Ou ela causará desapontamento ao não corresponder às expectativas ou – se *atender* a essas expectativas – ela realmente terá sido projetada e, portanto, privada da independência que é tão central para a nossa dignidade como seres humanos.

A ideia condensada
Projetando bebês

44 Clonagem

Com o devido respeito às outras célebres ovelhas da história, nenhuma deixou uma marca tão significativa quanto Dolly. Em seu nascimento, a 5 de julho de 1996, Dolly se tornou o primeiro clone, ou cópia genética, de um mamífero adulto. O anúncio de seu nascimento, em fevereiro do ano seguinte, provocou uma tempestade de debates febris sobre as futuras implicações da clonagem, incluindo – a mais controversa – a perspectiva de que a nova técnica pudesse ser usada para produzir clones humanos.

Dolly foi produzida por um método conhecido como transferência nuclear de células somáticas (do corpo), ou TNCS, iniciado pelo embriologista britânico Ian Wilmut e sua equipe de pesquisa no Instituto Roslin, perto de Edimburgo, na Escócia. Wilmut pegou um óvulo não fertilizado de uma ovelha da raça Blackface, removeu seu núcleo e o substituiu pelo núcleo de uma célula corporal extraída de uma ovelha finlandesa da raça Dorset de 6 anos de idade. O embrião resultante foi então implantado no útero de uma ovelha que fez as vezes de barriga de aluguel e que, cinco meses depois, deu à luz Dolly. Como quase todo o DNA de um animal está localizado no núcleo celular, o ilustre cordeiro era, geneticamente, uma cópia quase idêntica da Dorset finlandesa da qual o núcleo foi retirado. Dolly era, na verdade, a gêmea idêntica de uma de suas duas mães doadoras.

Dolly não foi o primeiro mamífero clonado – outros animais foram produzidos, na década anterior ao seu nascimento, com o uso de células embrionárias. Mas ela foi o primeiro a ser produzido por meio de células somáticas (do corpo) de um animal adulto – células que já haviam se diferenciado em muitos tipos separados que compõem um corpo maduro. Foi uma das façanhas de Dolly demonstrar que esse processo de diferenciação poderia ser revertido e, portanto, que cópias genéticas de animais adultos poderiam ser feitas. Embora Wilmut e sua equipe estivessem interessados principalmen-

linha do tempo

Década de 1980
Os primeiros mamíferos são clonados a partir de células embrionárias.

1990
A ideia de recriar animais extintos é explorada em *Jurassic Park*, de Michael Crichton.

te nos possíveis usos agrícolas da clonagem, estavam cientes de que a metodologia teria aplicações médicas, em especial na área de reprodução humana, e poderia, em princípio, ser estendida à clonagem de seres humanos. Previsivelmente, foi esse último aspecto que provocou o mais intenso debate ético.

Irmãos salvadores

Células ou órgãos retirados de um clone seriam uma combinação perfeita dos órgãos do doador e, portanto, poderiam ser usados para tratar doenças nesse doador, sem medo de rejeição – a resposta imunológica normal do corpo à presença de tecido estranho. As células da medula óssea de um clone devem, por exemplo, ser altamente eficazes no tratamento de uma criança com leucemia. No entanto, o uso atual desses "irmãos salvadores" – criados de modo específico para fornecer células e tecidos compatíveis relativamente próximos (embora não perfeitamente) – já é muitíssimo controverso, pois parece contrariar a proibição moral fundamental (kantiana) contra o uso de pessoas como um meio para outra coisa, e não como um fim em si mesmas. A questão é explorada por Kazuo Ishiguro em seu romance *Não me abandone jamais*, de 2005, no qual crianças clonadas são produzidas com a intenção expressa de fornecer um banco de órgãos como peças de reposição para não clones, ou "normais". No entanto, tal cenário é extremo, já que uma possibilidade mais realista e menos repugnante é de que técnicas de clonagem poderiam ser usadas para gerar tecidos ou órgãos sem criar pessoas inteiras ou fetos.

Laços de sangue e imortalidade O sangue sempre foi mais espesso do que a água. Toda sociedade humana atribuiu grande importância às ligações de sangue – os elos genéticos – que existem entre parentes e membros da família. A clonagem poderia oferecer um meio alternativo pelo qual casais inférteis ou homossexuais pudessem ter filhos geneticamente relacionados. O procedimento envolveria pegar uma célula corporal de um ou outro parceiro, e a criança resultante seria uma cópia quase idêntica do doador. Alguns críticos reclamam que muita importância é atribuída à relação genética e que pode haver um impacto social negativo, por exemplo, no sistema atual de adoção. Outros sugerem que o desejo de ter descendentes geneticamente relacionados é arraigado e que – a menos que existam razões convincentes que indiquem o contrário – as pessoas têm direito a receber assistência desse tipo.

1996
A ovelha Dolly se torna o primeiro clone de um mamífero adulto.

2005
Não me abandone jamais, de Kazuo Ishiguro, oferece uma visão distópica da fabricação de órgãos.

Clonagem de dinossauros

A clonagem poderia ser usada para trazer animais extintos de volta à vida? Esta é a inspiração para o romance de ficção científica de Michael Crichton, *Jurassic Park*, de 1990. O livro, levado aos cinemas três anos depois por Steven Spielberg, apresenta um parque de diversões povoado por dinossauros clonados a partir de DNA recuperado do sangue de mosquitos fossilizados. As perspectivas de replicar animais extintos há milhões de anos são escassas, já que o DNA – mesmo supondo que pudesse ser obtido – estaria provavelmente deteriorado. No entanto, há uma possibilidade fascinante de que técnicas de clonagem possam ser usadas para replicar animais recentemente extintos ou para ajudar a preservar espécies seriamente ameaçadas.

Um aspecto intrigante da clonagem – pelo menos na mente dos escritores de ficção científica – é a perspectiva que oferece de duplicar indivíduos, especialmente entes queridos que morreram. A novidade dessa ideia tendeu a obscurecer suas limitações óbvias. Pode ser verdade que células tiradas de uma criança falecida, por exemplo, poderiam ser usadas para produzir uma réplica genética, mas o clone seria claramente uma pessoa distinta com uma personalidade distinta. Supor outra coisa é exagerar o papel da genética na determinação da personalidade e ignorar o enorme papel desempenhado pelos fatores culturais. A questão se torna óbvia se considerarmos "substituir" um querido avô de 70 anos de idade – um indivíduo único moldado pela experiência de uma vida – por um bebê recém-nascido, ainda que compartilhem o mesmo DNA.

Uma variante dessa visão é a ideia de que os indivíduos poderiam alcançar certo tipo de imortalidade – ou pelo menos uma extensão da vida – ao *se* clonarem. Essa esperança é totalmente infundada, assim como seria supor que a sobrevivência de um gêmeo idêntico prolongaria sua própria vida.

Crise identitária e discriminação Há dúvidas se a clonagem por meio de transferência nuclear será sempre segura ou eficiente o bastante para ser de uso prático na reprodução humana. Foram necessárias duzentas tentativas malsucedidas para produzir Dolly, e as taxas de natimortalidade e doenças congênitas durante o procedimento são extremamente altas. Mas muitas objeções também foram levantadas sobre questões de princípio.

Uma área de preocupação são os problemas psicológicos que um clone pode enfrentar ao lidar com a própria identidade e suas peculiares relações familiares e sociais. Um indivíduo clonado certamente se encontraria em águas desconhecidas. Nenhum de nós teve que lidar com uma situação em que um dos responsáveis por cuidar de nós é uma espécie de gêmeo genético separado por várias décadas de idade. A crença de que somos produto de nossos genes pode ser infundada, mas é difundida, e um clone provavelmente será afetado pela informação de que tem um duplo genético que já viveu muito de uma vida: alguém que seguiu um caminho particular, conquistou coisas e cometeu erros, e sofreu várias doenças médicas, algumas talvez devido a fatores genéticos. Já é suficientemente difícil para os jovens estabelecerem seu próprio senso de identidade – um senso de seu lugar único no mundo –, e as pressões adicionais sentidas por um clone só poderiam piorar as coisas.

É provável que a ansiedade de um clone a respeito dos próprios status e individualidade seja refletida na sociedade como um todo, na qual parte de seus membros geralmente são rápidos em formar atitudes preconceituosas em relação a subgrupos que são diferentes de algum modo. Em certas culturas, gêmeos são submetidos a tabus, e há o perigo de que essas suspeitas atávicas possam ressurgir no caso de clones. Essa discriminação, seria baseada na percepção de que uma cópia genética é de alguma forma inferior ao original – em certo sentido, menos valiosa do que uma pessoa "completa" –, e é provável que essas atitudes negativas reforcem a ansiedade do próprio clone sobre sua individualidade.

A ideia condensada
De pé sobre os ombros de ovelhas

45 Guerra

"A guerra é a continuação da política por outros meios." Se a famosa observação de Carl von Clausewitz estiver correta, parece certo que o conflito militar permaneça um aspecto constante da condição humana. Porque os humanos são animais políticos, sempre sedentos por poder, terra e outros recursos necessariamente limitados. Portanto, é inevitável que haja disputas sobre que grupo vive onde e que grupo diz aos outros o que fazer. Muitas vezes essas disputas estarão além da resolução por meios pacíficos, e conflitos violentos acontecerão.

As visões podem diferir sobre se a guerra está ou não entrelaçada no tecido da natureza humana, com alguns se apegando obstinadamente à esperança de que um futuro sem guerra é possível. No entanto, poucos discordariam de que algumas disputas são piores do que outras e que nem toda violência é igualmente ruim. "A guerra é uma coisa feia", escreveu o filósofo vitoriano John Stuart Mill, "mas não a mais feia das coisas: o Estado decadente e degradado do sentimento moral e patriótico que pensa que nada *vale* uma guerra é muito pior." Embora fosse claramente um homem de paz, Mill acreditava que, de vez em quando, é necessário combater o bom combate. Às vezes, a causa pode ser tão importante que recorrer às armas é o menor de dois males: guerra pode ser apenas guerra.

As seis condições da guerra justa A ideia de guerra justa tem uma longa história que remonta a Santo Agostinho e aos primeiros pais da Igreja. Originalmente baseada na obrigação moral de buscar justiça e defender os inocentes, a doutrina veio a tempo de incorporar uma distinção central entre *jus ad bellum* ("justiça ao ir à guerra", as condições sob as quais é moralmente correto pegar em armas) e *jus in bello* ("justiça na guerra", as regras de conduta a serem seguidas uma vez que os combates estão em andamento). Essas ideias fornecem a estrutura principal da moderna teoria da guerra justa, que busca determinar as circunstâncias necessárias e os

linha do tempo

Séculos V-IV a.C.	Século V	Século XIII
Sun Tzu escreve *A arte da guerra*, a primeira obra sobre teoria militar do mundo.	Santo Agostinho desenvolve a teoria cristã da guerra justa.	Tomás de Aquino aprimora os princípios da guerra justa.

critérios que devem ser atendidos antes que a guerra seja justificada. De acordo com essa teoria, seis condições são reconhecidas e devem ser satisfeitas em conjunto antes que seja considerado certo iniciar uma guerra: causa justa, intenção correta, autoridade legítima, perspectiva de sucesso, proporcionalidade e último recurso.

> ## Lutando a boa guerra de Deus
>
> As origens da moderna teoria da guerra justa remontam a Santo Agostinho, no século V, que escreveu em *A cidade de Deus* que é "a injustiça do oponente que impõe ao homem sábio o dever de travar a guerra [...] O mandamento que proíbe matar não foi violado por aqueles que travaram guerra na autoridade de Deus". As ideias de Agostinho foram aprimoradas no século XIII por Tomás de Aquino, responsável pela consagrada distinção entre *jus ad bellum* (definir as condições sob as quais é moralmente correto pegar em armas) e *jus in bello* (definir as regras de conduta a serem observadas no curso dos combates).

A primeira e mais importante dessas condições é a **causa justa**. Hoje, nos países ocidentais, o alcance dessa condição é geralmente limitado à defesa contra agressões. Indiscutivelmente, isso inclui legítima defesa contra uma violação dos direitos básicos de um país – um ataque à sua soberania política e integridade territorial. De modo mais contencioso, esse alcance pode ser estendido à assistência dada a outro país que sofra tal agressão. Em épocas anteriores, a causa justa costumava ser de origem religiosa – um tipo de justificativa que em geral seria descartada, no Ocidente secular, como ideologicamente motivada. No entanto, entre os adeptos dos fundamentalismos religiosos, ressurgidos nas últimas décadas, um motivo religioso seria considerado uma justificativa primordial (talvez a única) para a guerra.

Mas, de forma isolada, a causa justa não é o bastante. Deve ser acompanhada de **intenção correta**. A única motivação por trás de qualquer ação deve ser corrigir o erro criado pelo ato original de agressão ou por outra razão. A causa justa alegada não pode ser um pretexto para algum motivo oculto, como interesse nacional ou expansão territorial.

1832
O livro extremamente influente *Da guerra*, de Carl von Clausewitz, é publicado.

1862
A Guerra Civil Americana leva John Stuart Mill a exaltar a ideia de guerra justa.

Outra condição é que a decisão de pegar em armas seja tomada por autoridade legítima. Durante a maior parte da história humana, a guerra foi, como observou o poeta John Dryden no século XVII, "o comércio de reis". Entretanto, no século seguinte, a Revolução Francesa assegurou que o direito de declarar guerra fosse transferido para qualquer órgão ou instituição do Estado que detivesse poder soberano. O conceito de autoridade legítima levanta questões polêmicas sobre o governo legalmente reconhecido e a relação apropriada entre tomadores de decisão e o povo. Por exemplo, o governo nazista da Alemanha, na década de 1930, claramente desfrutava de poder soberano, porém a maioria diria que faltava não apenas uma causa justa, mas também legitimidade básica para declarar e travar uma guerra.

Seguindo um meio-termo

Uma guerra justa pode ser travada injustamente; uma guerra injusta, justamente. Em outras palavras, uma coisa é embarcar em uma guerra pelas razões certas, outra é ter a conduta moralmente apropriada uma vez que a luta tenha começado. Este segundo aspecto (*jus in bello*, segundo a terminologia usual) engloba uma ampla variedade de questões, incluindo o uso de tipos específicos de armas (nucleares, químicas, minas, bombas de fragmentação etc.) e o comportamento de cada soldado em sua relação tanto com o inimigo quanto com os civis. Um ponto crucial é a proporcionalidade: os meios escolhidos para atingir um fim específico devem ser proporcionais. A maioria das pessoas, por exemplo, não consideraria nenhum objetivo militar suficientemente importante para justificar um ataque nuclear. Um segundo ponto é a discriminação: todo esforço deve ser feito para distinguir combatentes e não combatentes. Geralmente é considerado imoral, por exemplo, mirar em civis, por mais eficaz que seja essa tática em termos militares. O bombardeio aéreo de cidades na Segunda Guerra Mundial, tanto por aviões do Eixo quanto dos Aliados, é frequentemente considerado um caso dessa falha ilícita em discriminar. Um paradoxo aqui é que, se a causa for convincente o bastante – se o mal a ser evitado for suficientemente grande –, isso pareceria justificar quaisquer meios que se fizessem necessários. Ou então, pelo menos, era no que Winston Churchill acreditava quando disse: "Não há meio-termo em tempo de guerra".

Um país deve recorrer à guerra, mesmo que justa, somente se tiver uma razoável **perspectiva de sucesso**: geralmente, não há sentido em sacrificar vidas e recursos em vão. Alguns, no entanto, argumentariam que é correto (e certamente não errado) resistir a um agressor, por mais inútil que o gesto possa ser. Além disso, um senso de **proporcionalidade** deve ser observado. É preciso haver um equilíbrio entre o fim desejado e as prováveis consequências de alcançá-lo: o bem esperado, em termos de corrigir o erro que constitui a causa justa, deve ser pesado contra o dano antecipado, em termos de baixas, sofrimento humano, e assim por diante.

"Subjugar o inimigo sem luta é a suprema excelência", segundo o general chinês Sun Tzu, o primeiro grande teórico militar do mundo. A ação militar deve sempre ser o último recurso, e só é justificada se todas as opções pacíficas e não militares falharem. Como o político britânico Tony Benn certa vez ressaltou, de certo modo, "toda guerra representa uma falha da diplomacia".

> **"A política é uma guerra sem derramamento de sangue, e a guerra é uma política com derramamento de sangue."**
>
> **Mao Tsé-tung,**
> líder comunista chinês, 1938.

A ideia condensada
Política por outros meios

46 Realpolitik

"Manda quem pode" soa como a moralidade da selva ou do valentão do parquinho. No entanto, poderia ser igualmente o slogan do realismo político, ou *realpolitik* – indiscutivelmente, a teoria mais influente e disseminada sobre como os Estados interagem uns com os outros e por que se comportam assim. Seguindo a doutrina da *realpolitik*, a segurança e o interesse próprios são as únicas preocupações que um Estado deve considerar ao determinar suas políticas em relação aos outros. Os Estados asseguram seus interesses exercendo o seu poder, e o conflito – a dinâmica natural das relações internacionais – é o meio pelo qual o poder é adquirido e aumentado.

O princípio norteador da *realpolitik* é o pragmatismo; nele reside a realidade do realismo político. Em um mundo ideal, seria bom se as preocupações éticas influenciassem o comportamento dos Estados. Mas basta olhar em volta: no mundo real, o interesse nacional sempre supera a moralidade. Isso faz parecer que a *realpolitik* está oferecendo uma descrição, não uma prescrição – dizendo como as coisas são, não como deveriam ser. Mas os realistas políticos, pelo menos da categoria clássica, geralmente acreditam que a luta pelo poder e pela dominação está arraigada na natureza humana e, portanto, é inútil desejar ou sugerir que as coisas devam ser diferentes do que são.

O mais fraco deve se curvar ao mais forte A palavra "*realpolitik*" (do alemão, para "realismo político") é relativamente nova – foi cunhada em meados do século XIX –, mas as atitudes e suposições subjacentes ao termo são muito mais antigas. Sem dúvida, o mais famoso realista político é o florentino Nicolau Maquiavel, que defende que a moralidade convencional deve ser deixada de lado em prol dos interesses de um governo eficaz, mas ele mesmo adota uma tradição que pode ser remontada à Grécia Antiga.

linha do tempo

Século V a.C.	1532	1938
Tucídides expressa atitudes realistas em *História da Guerra do Peloponeso*.	*O príncipe*, de Nicolau Maquiavel, apresenta um relato clássico de "políticas de poder" realistas.	O apaziguamento entre britân franceses e nazistas, na Conferência de Munique, simboliza o fracasso do idealis

Mais seguro ser temido do que amado

Historicamente, o mais célebre realista é o teórico político florentino Nicolau Maquiavel, que em *O príncipe* (1532) aconselha expressamente os governantes de que é melhor ser temido do que amado, e que o uso efetivo do poder depende de sua prontidão para desconsiderar a moralidade convencional. Como seus sucessores do século XX, Maquiavel argumenta vigorosamente contra o idealismo de seus contemporâneos: "Muitos imaginaram repúblicas e principados que nunca foram vistos ou conhecidos de verdade, porque o modo como se vive é muito distante de como se deveria viver, de tal maneira que aquele que negligencia o que se faz em detrimento do que se deveria fazer, mais cedo verá a própria ruína em vez de sua preservação".

Em seu relato sobre a Guerra do Peloponeso, escrito há mais de 2.400 anos, o historiador grego Tucídides escreve um discurso para um grupo de emissários atenienses que tentam, na véspera do conflito, dissuadir os espartanos de se oporem ao seu agressivo imperialismo. Explicando a decisão de manter seu império, os atenienses de Tucídides falam precisamente a linguagem da *realpolitik*:

> Nisto somos limitados por três dos mais poderosos motivos: honra, temor e interesse próprio. Tampouco somos os primeiros a agir dessa forma – sempre aconteceu de o mais fraco dever curvar-se ao mais forte. Sentimos que somos dignos de nosso poder, assim como vocês, espartanos, até que a consideração de seu próprio interesse fez com que vocês falassem de certo e errado. Falar de justiça nunca dissuadiu ninguém de se apoderar do que pudesse.

Do idealismo ao realismo O surgimento do realismo político no século XX foi em grande parte uma reação ao fracasso do que havia acontecido antes. Entre as guerras mundiais, a perspectiva dominante sobre a política global era o idealismo, uma abordagem um tanto utópica baseada na suposição de que a guerra poderia ser evitada pelo estabelecimento de leis e organizações internacionais eficazes. A inadequação dessa visão foi cruelmente exposta pelo fim da perspectiva idealista, da Liga das Nações e pela evidente agressão de Hitler e outros líderes fascistas.

1939
E. H. Carr apresenta uma manifestação inicial da perspectiva realista moderna em *Vinte anos de crise, 1919-1939*.

1979
Kenneth Waltz desenvolve a abordagem neorrealista em *Theory of International Politics* [Teoria das relações internacionais].

Compreensivelmente, dadas as circunstâncias, a geração de realistas políticos que surgiu durante e após a Segunda Guerra Mundial compartilhava uma visão bastante pessimista da natureza e da conduta das relações internacionais. Na opinião deles, a principal preocupação dos estadistas era o interesse nacional e fortalecer os meios de assegurá-lo; por isso, a luta pelo poder foi a força motriz da atividade política. Esses primeiros realistas ("clássicos") acreditavam que o poder só poderia ser aumentado à custa de outros Estados: sempre haveria vencedores e perdedores na interação de Estados, e assim a questão de satisfazer interesses nacionais (ganhando maior poder) era necessariamente um ponto de competição e conflito. E porque achavam que a luta pelo poder era um aspecto mais ou menos imutável da natureza humana, eles ofereciam poucas perspectivas de mudança no futuro. Conflito e guerra eram inevitáveis: a tarefa do analista limitava-se a avaliar como esses enfrentamentos poderiam ser regulados ou reduzidos por mecanismos como o equilíbrio de poder, mantido por meio de diplomacia e aliança estratégica.

Durante a Guerra Fria, em um mundo polarizado vivendo sob a ameaça de aniquilação nuclear, havia um forte apelo na clareza absoluta da visão de mundo realista, com seu foco inflexível na segurança. Mas, a partir dos anos 1970, a elegante simplicidade começou a parecer uma simplificação excessiva, e uma versão mais sofisticada do realismo – neorrealismo – foi criada. Embora compartilhasse muitas suposições de seu precursor clássico, o neorrealismo trouxe uma nova compreensão do conflito no cerne do sistema internacional, vendo-o como uma consequência não de leis imutáveis da natureza humana, mas da estrutura do próprio sistema.

Sendo soberanos, os Estados que constituem o sistema são formalmente iguais entre si e, assim, não reconhecem qualquer autoridade superior a eles mesmos; o sistema é, portanto, "anárquico", no sentido de que não possui autoridade suprema para impor leis e acordos entre seus membros. Nesse sistema, cada Estado é obrigado a operar com base no princípio da "autoajuda": em suas transações com outras nações, não pode contar com a boa vontade alheia; deve depender dos próprios recursos para proteger seus interesses.

Pioneiros modernos da realpolitik

Um trabalho seminal no ressurgimento do realismo clássico no entreguerras foi *Vinte anos de crise, 1919-1939* (1939), do teórico político britânico E. H. Carr. O autor é contundente sobre os pensadores (idealistas) utópicos que permitem sonhos de paz e cooperação que os cegam para a dura realidade da sobrevivência e da competição. O principal pioneiro na mudança do realismo clássico para o neorrealismo foi o teórico político americano Kenneth Waltz. A tese central de sua *Theory of International Politics* (1979) é de que a anarquia é o princípio fundamental de ordenamento dos Estados "funcionalmente indiferenciados" que juntos formam o sistema internacional.

Interdependência complexa O realismo, em sua forma neorrealista ou "estrutural", permanece uma perspectiva altamente influente dentro do estudo das relações internacionais, notavelmente pela crítica construtiva que gerou. Mas os pontos fortes do realismo – especialmente sua simplicidade – são, aos olhos de seus críticos, suas fraquezas. Em particular, sugere-se que sua visão de mundo centrada no Estado não faz justiça à complexidade das relações globais hoje em vigor. As forças da globalização, dos agentes econômicos e outras; a influência de atores transnacionais e não estatais (corporações multinacionais, organizações internacionais, grupos terroristas etc.); o declínio e a fragmentação do poder do Estado; a proliferação de complexas ameaças (terroristas, ambientais); o papel reduzido das Forças Armadas convencionais: tudo conspirou para que a visão realista parecesse descompassada com as realidades atuais. Igualmente estridentes foram as críticas à falta de uma fundamentação moral do realismo, em especial sua insistência em afirmar que o conflito é a dinâmica essencial dentro do sistema internacional. A tudo isso, o realista com certeza responderia como há meio século: olhe para o mundo como ele é, não como desejaríamos que fosse.

> **"Utopia e realidade são [...] as duas facetas da ciência política. O pensamento político sadio e a vida política sadia apenas serão encontrados onde ambos tiverem seu lugar."**
>
> E. H. Carr,
> *Vinte anos de crise, 1919-1939*, 1939.

A ideia condensada
A luta pelo poder

47 Capitalismo

Nos tempos da Guerra Fria, antes do colapso dos regimes comunistas na União Soviética e na Europa Oriental, que começou em 1989, talvez o melhor argumento a favor do capitalismo fosse que ele não era o socialismo. A inutilidade das tentativas socialistas de criar uma sociedade igualitária era clara até para aqueles que viviam sob o comunismo. "Sob o capitalismo, o homem explora o homem", ironizava-se cinicamente. "Sob o socialismo, é o contrário."

Após a queda do comunismo, já não bastava ser "menos ruim" do que as alternativas, e o tom adotado pelos defensores do capitalismo se tornou mais positivo, até mesmo triunfalista. Em 1992, por exemplo, o comentarista americano de direita Francis Fukuyama supôs que o colapso do regime autoritário marcaria "o ponto final da evolução ideológica da humanidade"; ele previu o surgimento de uma "verdadeira cultura global [...] centrada no crescimento econômico tecnologicamente impulsionado e nas relações sociais capitalistas necessárias para produzi-lo e sustentá-lo".

Os traumas econômicos que abalaram o mundo no início do século XXI prejudicaram a credibilidade dessa visão benigna do capitalismo. Na verdade, as forças do capitalismo de livre mercado foram amplamente culpadas pelo declínio que levou muitos países à mendicância. O capitalismo estava como nunca sob escrutínio.

Adam Smith e o livre mercado   Os admiradores do capitalismo tendem a apresentá-lo como uma ideologia, mas, na verdade, é basicamente – ou pelo menos era originalmente – um modo de produção: uma forma de organizar a atividade econômica. As características essenciais do capitalismo são a propriedade privada, o livre mercado e uma estrutura de leis que permitem a realização de transações e contratos. Tudo que é necessário para produzir bens – os "meios de produção", como capital, terra, materiais

linha do tempo

1776
Os princípios do livre-comércio são apresentados em *A riqueza das nações*, de Adam Smith.

1867-1894
Karl Marx apresenta sua crítica definitiva do capitalismo em *O capital*.

1933
John Maynard Keynes critica o livre-comércio em seu artigo "Autossuficiência nacional".

e ferramentas – é de propriedade privada de indivíduos (capitalistas), que utilizam esses meios para fabricar coisas que podem ser vendidas com lucro.

O capitalismo opera em um mercado em que os bens são livremente trocados. A dinâmica essencial do livre mercado foi analisada inicialmente pelo economista escocês Adam Smith em *A riqueza das nações* (1776). A genialidade de Smith foi perceber que, em um mercado puro, no qual a iniciativa, a competição e a motivação para ganhos pessoais são liberadas, a dinâmica da oferta e demanda garante que os produtores fabriquem bens e forneçam serviços que os consumidores desejam comprar, a um preço que ofereça um retorno razoável de seu investimento. O sistema é naturalmente autorregulado, já que variáveis como custo, preço e lucro são determinadas como funções do sistema como um todo e não podem ser manipuladas sem prejudicá-lo, seja pelas partes de uma transação, seja por terceiros.

A implicação da análise de Smith é que decisões de produção e distribuição devem ser deixadas para o mercado, não para o governo. Essa é a justificativa teórica para a doutrina liberal clássica do *laissez-faire*: a ideia de que política e economia são distintas e de que os políticos devem se abster de tentar direcionar o curso dos mercados.

A divisão público-privada

Adam Smith pode ter alegado que o livre mercado era o meio mais eficaz de coordenar a atividade econômica, mas permitiu que o Estado extrapolasse seu papel de apenas facilitar o comércio. Empreendedores privados não teriam interesse em lidar com coisas das quais não obteriam lucro, de modo que sempre recairia sobre o Estado "o dever de erguer e manter certas obras e instituições públicas". Saber se as necessidades da sociedade, como transporte e educação, são mais bem fornecidas pelo Estado ou pela iniciativa privada é objeto de um debate acirrado desde então.

Karl Marx sobre a exploração capitalista A crítica moderna do capitalismo avança a partir da análise feita em meados do século XIX pelo teórico político alemão Karl Marx. Para Marx, a origem do capitalismo é o conflito de classes entre a burguesia (classe capitalista), que detém a propriedade dos meios de produção, e o proletariado (classe trabalhadora), cujo trabalho é usado para gerar lucro. Na visão de Marx, o capitalismo é em essência explorador, porque o lucro é gerado exatamente ao dar aos trabalhadores uma recompensa inadequada por seus esforços. Assim, a riqueza

1989
As economias estatais (sob comando) do bloco soviético começam a entrar em colapso.

2007
Início de uma profunda retração econômica global.

criada pelo capitalismo nunca poderia, nem mesmo em princípio, ser compartilhada de forma justa entre trabalhador e empregador. Além disso, o capitalismo é fundamentalmente opressivo, porque a acumulação de riqueza da burguesia leva à concentração de poder, não apenas econômico, mas também social e político.

Marx afirma que a exploração e a opressão inerentes ao capitalismo serão extintas somente pela revolução, por meio qual a burguesia é derrubada e a propriedade privada, abolida. O capitalismo será então substituído pelo comunismo, um sistema justo de organização social em que a economia é controlada centralmente pelo Estado de acordo com o princípio "de cada um segundo suas habilidades, a cada um segundo suas necessidades".

Nem inteligente, nem bonito, nem justo Mesmo os críticos do capitalismo geralmente não negam sua capacidade de gerar crescimento econômico. Em cem anos de ascendência, escreveu Marx em 1848, a burguesia "criou forças produtivas mais maciças e mais colossais do que todas as gerações anteriores juntas". A principal queixa sempre foi de que a distribuição de riqueza entre os envolvidos em sua geração é desigual e injusta. O colaborador de Marx, Friedrich Engels, testemunhou a miséria levada aos trabalhadores pelo funcionamento do capitalismo industrial, em que os operários eram forçados a trabalhar mais por menos, em condições cada vez mais degradantes. E, no século XX, o economista britânico John Maynard Keynes proferiu o veredicto mais condenatório sobre o funcionamento do capitalismo nos anos que se seguiram à Primeira Guerra Mundial: "Não é inteligente. Não é bonito. Não é justo. Não é virtuoso. E não entrega os bens".

Economia cavalo-e-pardal

Uma forma pela qual a mão invisível do capitalismo deveria promover o interesse comum – pelo menos na mente de partidários neoliberais como Ronald Reagan e Margaret Thatcher – era o suposto efeito *"trickle-down"*, em que a maior prosperidade daqueles no topo seria filtrada para os níveis inferiores, deixando todos em melhor situação. Infelizmente, o padrão geral da história parece ter se repetido e os ricos continuaram a ficar mais ricos e os pobres, mais pobres. A teoria foi magistralmente descartada pelo economista J. K. Galbraith como a "economia cavalo-e-pardal" – a ideia de que, "se você alimentar o cavalo com aveia suficiente, alguns grãos cairão para alimentar os pardais".

A mão invisível Os apoiadores do capitalismo defendem que as desigualdades criadas por ele são justificadas porque a sociedade como um todo está melhor sob esse sistema do que estaria sob qualquer outro. A natureza autorreguladora de um livre mercado significa que os indivíduos que trabalham nele, enquanto agem em seu próprio interesse, promovem inconscientemente o bem coletivo; há uma "mão invisível", na expressão de Adam Smith, que é responsável por produzir esse resultado benigno.

Reivindicar a autoridade de Smith aqui é um tanto enganoso. A mão invisível, em seu relato, estimula os comerciantes a promover o interesse público, encorajando-os a favorecer a indústria *doméstica* (ou seja, a investir em seu próprio país), de modo que não teria um efeito tão benigno em um mercado internacional ou global. Alegar que o capitalismo promove o interesse global é muito mais difícil. O profundo dano econômico causado pela ganância inconsequente dos banqueiros internacionais nos primeiros anos do século XXI foi apenas a mais recente evidência do problema que as instituições capitalistas insuficientemente reguladas podem trazer.

A falta de uma alternativa viável ainda pode ser o melhor argumento para o capitalismo, mas a variante do mesmo gênero, libertária e de "estado mínimo", que exige dos governos que mantenham as mãos afastadas em todos os momentos, é difícil de se sustentar. A questão agora, a maioria concorda, não é se o Estado deve intervir nos mercados, mas quanto e com que frequência.

A ideia condensada
O triunfo da ganância?

48 Terra salva-vidas

A distribuição de riqueza na Terra é extremamente desigual – e, pode-se dizer, extremamente injusta. Na virada para o século XXI, estimava-se que 85% dos ativos do mundo pertenciam a apenas um décimo da população. Enquanto isso, a metade mais pobre dos habitantes do planeta possuía apenas 1% da riqueza global. Em regiões empobrecidas do mundo, centenas de milhões de pessoas não têm abrigo adequado ou acesso a água potável ou serviços básicos de saúde, enquanto mais de 10 milhões de crianças com menos de 5 anos morrem a cada ano de desnutrição e doenças evitáveis.

Portanto, vasta riqueza de um lado e pobreza extrema do outro. Aqueles com sorte o bastante para estar do lado certo da divisão não fazem nada, é claro – muitos bilhões de dólares de ajuda internacional são concedidos anualmente pelos países mais ricos aos mais pobres. Mas isso é suficiente? Todo ser humano consciente, que vive com conforto e luxo inimagináveis para a maioria das pessoas no mundo, não pode deixar de se perguntar, uma vez ou outra, se está falhando em seu dever moral em relação a seus semelhantes.

À deriva em um mar moral Bem, nem *todo*, talvez. Em um artigo publicado em 1974, o ecologista americano Garrett Hardin defende que nós, no Ocidente, estamos realmente fazendo muito pelas pessoas que vivem nas regiões mais pobres do mundo. Para explicar por que, ele apresenta sua agora famosa metáfora do bote salva-vidas:

> Então, aqui nos sentamos, digamos, em número de 50 pessoas em nosso bote salva-vidas. Para sermos generosos, vamos supor que ele tem espaço para mais 10, com uma capacidade total de 60 pessoas.

linha do tempo

1968
Garrett Hardin apresenta a ideia da tragédia dos comuns.

1974
O artigo "Vivendo em um bote salva-vidas", de Hardin, é publicado.

Suponha que 50 de nós no bote salva-vidas vemos 100 pessoas nadando na água, implorando para subir em nosso barco ou por ajuda. Temos várias opções: podemos ser instigados a tentar viver pelo ideal cristão de sermos "protetores de nossos irmãos", ou pelo ideal marxista de "a cada um segundo suas necessidades". Uma vez que as necessidades de todos na água são as mesmas, e como todos podem ser vistos como "nossos irmãos", seria possível levá-los todos para dentro de nosso bote, perfazendo um total de 150 pessoas em um barco projetado para 60. O bote afunda, todo mundo se afoga. Justiça completa, catástrofe completa.

É melhor não aceitar ninguém no bote salva-vidas – esse é o meio mais seguro de sobrevivermos, "embora tenhamos que estar constantemente alertas contra grupos que tentarem subir".

A imagem de Hardin não é bonita: os ricos abrigam-se em segurança em seus barcos e usam seus remos para quebrar os dedos dos pobres enquanto tentam subir a bordo. No entanto, sua posição, embora atacada pelos críticos por falta de compaixão, não é obviamente imoral. Afinal, Hardin acredita que as intervenções do Ocidente são prejudiciais para *ambos* os lados, por mais bem-intencionadas que sejam. Os países que recebem ajuda externa desenvolvem uma cultura de dependência e, portanto, não conseguem "aprender da forma mais difícil" os perigos do planejamento inadequado. Em particular, graças à rede de segurança da ajuda ocidental, eles não sofrem imediatamente os horrores do crescimento populacional descontrolado, mas, dessa forma, o difícil dia em que essa conta será cobrada é simplesmente adiado para as gerações futuras. Ao mesmo tempo, a imigração irrestrita significa que populações ocidentais quase estagnadas rapidamente se veem inundadas por uma onda incontrolável de refugiados econômicos.

Sem remorso por sua dura ética do bote salva-vidas, o próprio Hardin não tem dúvida de onde colocar a culpa: os liberais de "coração mole" cuja

> **"Porque a sobrevivência no futuro próximo exige que controlemos nossas ações pela ética de um bote salva-vidas. A posteridade será mal servida se não o fizermos."**
>
> Garrett Hardin, 1974.

2008
O número de trabalhadores em ajuda humanitária é estimado em mais de 200 mil.

2009
As Nações Unidas relatam que 17 mil crianças morrem de fome todos os dias.

> ## A tragédia dos comuns
>
> A ética de "disciplinar com carinho", do bote salva-vidas de Hardin, era uma resposta direta ao que ele via como as deficiências da metáfora da aconchegante nave espacial Terra, amada pelos liberais com a cabeça nas nuvens. A estimada imagem liberal de uma grande e feliz tripulação trabalhando em conjunto encoraja a visão de que os recursos do mundo precisam ser mantidos em comum e que todos devem ter uma parte igual e justa deles. Um fazendeiro que possui um pedaço de terra cuidará de sua propriedade e garantirá que não seja arruinada pelo pastoreio excessivo, mas se esse terreno se tornar comum e aberto a todos, não haverá a mesma preocupação em protegê-lo. As tentações do ganho de curto prazo significam que o cuidado voluntário logo evapora, e a degradação e o declínio o seguem rapidamente. Esse processo – inevitável, na visão de Hardin, em "um mundo abarrotado de seres humanos imperfeitos" – é o que ele chama de "tragédia dos comuns". Dessa forma, quando os recursos da Terra, como ar, água e peixes dos oceanos, são tratados como bens comuns, não há uma administração adequada deles e a ruína certamente se seguirá.

consciência hiperativa os leva a uma ação humanitária mal concebida. Seu conselho para esses liberais abalados pela culpa é "ir embora e ceder o lugar aos outros", eliminando, assim, sentimentos de remorso que ameaçam desestabilizar o bote. Não faz sentido nos preocuparmos em saber como chegamos aqui – "não podemos refazer o passado"; é com salvaguardar o mundo para as futuras gerações que devemos nos importar.

Liberais e a nave espacial Terra A solução de Hardin – de "disciplinar com carinho" – para a pobreza no mundo é, sem dúvida, especialmente questionável para os liberais, que em geral não estão inclinados a bater na cabeça de alguém com um remo. Um dos requisitos básicos da justiça social, na visão liberal, é que as pessoas sejam tratadas de forma imparcial: não se deve permitir que coisas alheias ao nosso controle, como gênero e cor de pele, determinem a forma como somos tratados. Não temos controle sobre o lugar onde nascemos, então nenhum peso moral deve ser atribuído às fronteiras nacionais.

Hardin, é claro, pode observar com cautela que esse é exatamente o tipo de justiça social que enviará o bote para o fundo do oceano. Mas o liberal não precisa aceitar a interpretação de Hardin. O bote salva-vidas realmente corre o risco de afundar? Não seria o caso de os gatos gordos, superacostumados aos luxos a bordo, se mexerem um pouco e reduzir suas rações? Por exemplo – o liberal pode objetar –, Hardin assume que altos índices reprodutivos são uma característica constante dos países mais pobres e persistiriam mesmo se essas nações tivessem um tratamento mais justo. Ele não admite a possibilidade de essas taxas serem uma *resposta* à alta mortalidade infantil, à baixa expectativa de vida, à baixa escolaridade, e assim por diante.

Na verdade, os liberais provavelmente rejeitarão por completo a metáfora do bote salva-vidas. Sua imagem preferida é a da "nave espacial Terra". Estamos todos a bordo da espaçonave Terra, juntos, e é nosso dever garantir que cuidemos da nave e não desperdicemos seus preciosos recursos. Para isso, é essencial que todos os tripulantes trabalhem juntos – e eles não farão isso a menos que estejam satisfeitos com o fato de receberem sua justa parte das rações da nave.

A moralidade reconhece fronteiras? Os liberais podem acreditar que vivem na nave espacial Terra. O problema é que a maioria deles, quase sempre, não se comporta como se vivesse. Na prática, os requisitos de justiça social parecem parar nas fronteiras nacionais, ou pelo menos se tornam extremamente diluídos no processo de travessia. Nenhum país desenvolvido faz uma *fração* do que seria necessário para erradicar as desigualdades gritantes que existem hoje no mundo. E não são apenas os seguidores de Garrett Hardin que estão com a vida ganha em suas cabines de luxo enquanto o resto do mundo afunda em torno deles.

Para evitar a acusação de hipocrisia, os liberais são obrigados a demonstrar por que as exigências de imparcialidade podem ser suspensas ou diluídas quando consideram regiões do mundo diferentes das suas. Ou devem aceitar que as práticas e políticas atuais são inadequadas e adotar um completo liberalismo cosmopolita, em que os princípios de justiça social são estendidos globalmente. Alguns filósofos tentaram abordar essas questões, e uns poucos pediram uma mudança radical, tanto na teoria quanto na prática. Mas eles só arranharam a ponta do iceberg – e o bote salva-vidas está se aproximando rapidamente, em plena rota de colisão.

A ideia condensada
Todos à deriva em um mar moral

49 Pobreza

A pobreza não é inevitável. Ela existe porque os recursos vitais que sustentam a vida humana não são uniformemente distribuídos. Há riquezas suficientes para que todos os que estão vivos hoje possam viver uma vida razoavelmente confortável. O fato de os recursos serem alocados de maneira desigual não é resultado de necessidade natural, mas de escolha humana. Se deve haver uma distribuição mais igual ou menos desigual, é uma preocupação fundamental da justiça social.

Em termos gerais, pobreza é uma condição na qual as pessoas são incapazes de satisfazer suas necessidades básicas e, portanto, de atuar normalmente dentro da sociedade. Mas o que é considerado básico e o que é considerado normal? Em países economicamente desenvolvidos, a pobreza é em geral concebida em termos *relativos*: as pessoas são consideradas pobres não porque não possuem os requisitos básicos necessários para o sustento da vida, mas porque estão abaixo de um padrão mínimo estabelecido em relação aos outros indivíduos da comunidade. Por outro lado, em muitos países em desenvolvimento, uma parcela significativa da população vive na pobreza absoluta: as pessoas vivem no nível de subsistência, ou próximo a ele, mal tendo comida suficiente para se manter vivas.

Pobreza relativa e o mundo desenvolvido A riqueza total gerada por uma economia industrializada é tal que, se fosse dividida de forma mais igualitária entre todos os membros da sociedade, ninguém seria pobre, em termos relativos ou absolutos. Então, por que se permite que tal situação perdure?

De uma perspectiva socialista, a pobreza é uma característica estrutural do capitalismo e nunca é justificada: o objetivo de maximizar o lucro implica explorar a força de trabalho por meio de baixos salários, aumentando assim a desigualdade e, consequentemente, a pobreza (relativa). O socialismo, portanto, pretende erradicar a pobreza realocando recursos a fim de criar igualdade de condições sociais e econômicas.

linha do tempo

1972	1974
Em *Famine, Affluence, and Morality* [Fome, riqueza e moralidade], Peter Singer defende que os níveis atuais de ajuda internacional são grotescamente inadequados.	O artigo "Vivendo em um bote salva-vidas", de Hardin, sugere que a ajuda é contraproducente.

A visão liberal clássica também vê a pobreza como estrutural, mas pouco compartilha da análise socialista. Sua suposição central é de que a distribuição de recursos dentro do Estado é determinada de forma mais eficiente pelas forças de mercado. Em um livre mercado, os indivíduos competem uns com os outros em busca dos próprios interesses, produzindo assim um resultado econômico melhor do que qualquer alternativa, mas não igualmente bom para todos – sempre há vencedores e perdedores. O padrão resultante de riqueza é um reflexo dos talentos e habilidades dos indivíduos; a riqueza fornece uma motivação para o sucesso, enquanto o medo da pobreza é um dos estímulos para o esforço e a iniciativa individuais.

A linha da pobreza

A linha da pobreza, que serve como uma medida de pobreza relativa nos países desenvolvidos, geralmente indica que uma família tem recursos insuficientes, em termos de rendimento, para participar das atividades sociais e de lazer tipicamente desfrutadas por outras famílias dentro da comunidade. Assim, por exemplo, em uma sociedade em que a posse de uma televisão ou de um telefone é considerada normal e necessária, o fato de não se ter meios para comprá-los pode ser considerado uma indicação de pobreza.

Todas as democracias liberais modernas professam ser capitalistas, mas, na prática, nenhuma delas acredita que seja correto confiar o bem-estar de seus cidadãos inteiramente aos caprichos do mercado. Uma organização social justa exige que todos os membros tenham oportunidades iguais de promover seus interesses, mesmo que alguns inevitavelmente produzam mais a partir dessa oportunidade do que outros. As visões diferem sobre o quanto deve ser feito para nivelar as regras do jogo – e, na realidade, todas as regras têm seus altos e baixos –, mas todos concordam que alguma dose de intervenção estatal é necessária para atenuar a pobreza e outros males que seriam criados pelo capitalismo desenfreado.

Pobreza absoluta e o mundo em desenvolvimento É concebível que os defensores do capitalismo, vivendo em relativa pobreza, possam considerar sua condição tolerável, pois acreditam no sistema que dá origem a essa condição e lhes oferece a melhor chance (assim supõem) de escapar dela. Isso nunca poderia acontecer em relação à pobreza absoluta, que é invariavelmente uma aflição miserável que flagela e frequentemente põe fim a vidas.

2000
A Declaração do Milênio, das Nações Unidas, estabelece o compromisso de erradicar a pobreza extrema até 2015.

2012
A base de dados do Fundo Monetário Internacional (FMI) indica que o país mais rico é 292 vezes mais rico do que o mais pobre.

> ### Disseminando a culpa
>
> Uma forma comum de desculpar nossa própria inércia quando se trata de aliviar o grande sofrimento causado pela pobreza mundial é apontar para todos os outros que são tão apáticos quanto nós. Mas o fato de os outros não agirem como deveriam não é justificativa para que você também não aja: se uma criança estivesse se afogando em um lago, não seria menos censurável que você deixasse isso acontecer só porque outras pessoas também estavam por perto e não fizeram nada. É verdade que, se nas regiões ricas do mundo todos dessem algumas centenas de dólares para aliviar a pobreza, essa condição poderia ser erradicada em grande parte da noite para o dia. Mas esse não é o mundo real, e no mundo real – onde a maioria das pessoas não dá nada – pode ser nosso dever moral dar muito mais do que a nossa "justa parte".

Hoje, o abismo entre países ricos e pobres no mundo é vasto. De acordo com números fornecidos pelo Fundo Monetário Internacional em 2012, o país mais rico do mundo, o Catar, é 292 vezes mais rico do que o mais pobre, a República Democrática do Congo (os Estados Unidos são 136 vezes mais ricos). A riqueza está concentrada principalmente na América do Norte, na Europa e em poucas outras áreas, enquanto a pobreza é generalizada, especialmente no sul da Ásia e na África. Embora muitos bilhões de dólares sejam doados anualmente pelos países ricos aos países pobres, o montante dado em ajuda está longe de ser suficiente para restabelecer o equilíbrio, e na maioria das vezes a disparidade entre ricos e pobres está aumentando.

Hardin *versus* Singer Pode-se argumentar que nenhuma ajuda deve ser dada aos países em desenvolvimento, mais pobres. Um defensor influente dessa visão foi o ecologista americano Garrett Hardin, que afirmou que países socorridos pela ajuda externa foram impedidos de aprender as lições de sua própria imprudência (em especial, a loucura do crescimento descontrolado da população) e que, portanto, os países ricos apenas adiaram os problemas em curso para as gerações seguintes (ver capítulo 48).

Por outro lado, há um poderoso argumento, o mais famoso defendido pelo eticista australiano Peter Singer, que sugere que os atuais níveis de ajuda internacional são totalmente inadequados. O argumento de Singer é baseado em duas suposições:

> 1 Sofrimento e morte por falta de comida, abrigo e cuidados médicos são ruins.
>
> 2 Se estiver ao nosso alcance impedir que algo de ruim aconteça, sem com isso sacrificar algo de importância moral comparável, devemos, moralmente, fazê-lo.

Singer considera que essas duas suposições serão em geral aceitas, embora ofereça o seguinte caso em apoio à segunda:

> Se estou passando por uma lagoa rasa e vejo uma criança se afogando nela, devo entrar e puxar a criança para fora. Isso fará que minhas roupas fiquem enlameadas, mas tal fato é insignificante, enquanto a morte da criança provavelmente seria uma coisa muito ruim.

Aqui, o dever moral de fazer um sacrifício (nesse caso, muito pequeno: estragar minhas roupas) para salvar uma vida parece óbvio. Pode haver discordância, na prática, sobre o que conta como "algo de importância moral comparável", mas seria difícil afirmar que ter um novo carro esportivo ou o iPod recém-lançado é moralmente tão significativo quanto salvar outro ser humano da desolação da pobreza. O argumento de Singer sugere que, no mínimo, devemos abandonar os luxos incontáveis que estão hoje assegurados nos países desenvolvidos.

Uma nova perspectiva moral   Na verdade, Singer acredita que devemos desistir de bem mais do que apenas luxos – muito embora gastar com ajuda externa o que hoje gastamos com coisas de que realmente não precisamos representaria, por si só, uma revolução na forma como conduzimos nossa vida. Com certeza, aceitar seu argumento exigiria uma transformação de toda a nossa perspectiva moral, já que a linha tradicional entre dever e caridade seria apagada. No que diz respeito à pobreza absoluta que existe hoje no mundo, a incômoda conclusão é de que a única posição indefensável é aquela em que nos encontramos atualmente.

A ideia condensada
Rico e pobre – um mundo dividido

50 O ambiente

Há apenas uma Terra. Até um futuro próximo, este planeta será nosso único lar, e nossa sobrevivência depende de sua contínua capacidade de nos fornecer alimentos e outros recursos. Ao longo da história, a Terra atendeu a essas necessidades, mas nos últimos tempos o fardo colocado sobre ela aumentou drasticamente e há preocupações crescentes sobre sua capacidade de lidar com o impacto da atividade humana. A necessidade de reavaliar nossa relação com a Terra e o valor que atribuímos a todo o seu conteúdo gerou nova urgência ao estudo da ética ambiental.

Para cada pessoa existente na Terra no início dos anos 1700, há mais de 11 vivas hoje, e cada uma apresenta (em média) uma demanda muito maior sobre os finitos recursos disponíveis. A inventividade humana criou novas formas de atender às demandas crescentes de recursos já escassos, mas a industrialização em todo o mundo ampliou muito a capacidade da humanidade de danificar os sistemas naturais. As pressões sobre o planeta não podem continuar a crescer indefinidamente: os estilos de vida baseados no consumo desenfreado de energia, amplamente adotados no Ocidente, são insustentáveis.

Durante a maior parte da história humana, as atitudes em relação aos animais, às plantas e ao mundo natural em geral foram exploradoras. Os humanos tendem a se comportar como se o planeta fosse algo a ser conquistado e domado – um bem a ser explorado, um recurso a ser saqueado. Essa visão foi apoiada pela Bíblia e ainda corroborada pelos gregos antigos, em particular Aristóteles, que acreditava que os humanos estavam no topo de uma "cadeia dos seres" e que era função dos animais inferiores servir os superiores na hierarquia.

Administração esclarecida Muitos pioneiros do moderno movimento verde, que começou no final dos anos 1960, foram motivados principal-

linha do tempo

1700
A população mundial é estimada em 0,6 bilhão.

Década de 1960
Primeiros alertas de que a atividade humana pode contribuir para o aquecimento global.

mente pelos perigos impostos aos humanos por seu tratamento abusivo em relação ao planeta. Eles não necessariamente desafiavam o foco das atitudes tradicionais, centrado no humano (antropocêntrico), e suas preocupações eram com frequência expressas em termos de responsabilidades para com nossos semelhantes e com as gerações futuras. A imagem preferida era a de uma "administração esclarecida", em que uma consciência ecológica adequadamente desenvolvida, aliada à prudência e ao interesse próprio, aconselhava uma gestão respeitosa e sustentável de nosso frágil planeta.

O problema da não identidade

Suponha que estamos debatendo, como sociedade, se devemos aproveitar ao máximo agora ou resguardar para o futuro: esgotar ou conservar os vários recursos disponíveis para nós. E suponha também que a opção de esgotamento significa que os seres humanos de hoje e do próximo século gozarão de uma qualidade de vida ligeiramente superior, mas as pessoas que viverem depois disso, por vários séculos, terão uma qualidade de vida muito ruim. Esse cenário nos dá, de fato, alguma razão moral para não escolher a opção de esgotamento? Mas a escolha que fazemos agora fará toda a diferença, notavelmente para as circunstâncias e o *timing* da concepção de novas vidas humanas. As gerações futuras, que sofrerão por causa de nossa escolha de esgotar tudo, deverão sua própria existência a essa mesma escolha. Podemos pensar que esgotar os recursos está errado porque prejudica os seres humanos do futuro, mas, na verdade, isso não prejudica ninguém: supondo que sua vida valha a pena, essas pessoas deveriam ficar contentes por nós termos escolhido o que escolhemos: de outro modo, elas nem mesmo existiriam. Essa conclusão paradoxal é um exemplo do suposto problema da não identidade, discutido pelo filósofo britânico Derek Parfit em seu livro *Reasons and Persons* [Razões e pessoas], de 1984. O argumento de Parfit talvez diga mais sobre a natureza das ações equivocadas do que sobre os acertos e erros de se esgotar os recursos.

O aspecto pragmático dessa abordagem foi expresso no relatório de 1987, *Nosso futuro comum*, produzido pela Comissão Mundial sobre Meio Ambiente e Desenvolvimento. Nele, sustentabilidade foi definida como "desenvolvimento que atende às necessidades do presente sem comprometer a capacidade das gerações futuras de satisfazer suas próprias necessidades". O relatório reconheceu que a perspectiva de mudar o comportamento humano era melhor do que a de modificar a natureza humana, e não sugeriu que

1992
A sustentabilidade é discutida na primeira Cúpula da Terra da ONU, no Rio de Janeiro, Brasil.

2012
A população mundial passa de 7 bilhões de pessoas.

"as necessidades do presente" fossem simplesmente equivocadas. Na verdade, antecipou "a possibilidade de uma nova era de crescimento econômico, baseada em políticas que sustentam e expandem a base natural de recursos ambientais". A mensagem não era de que devemos abandonar todas as nossas aspirações existentes, mas de que temos que ser mais inteligentes e mais empáticos ao realizá-las.

> ## Uma parte, não à parte
>
> Os ambientalistas geralmente concordam sobre o remédio para nossos males atuais: desenvolvimento sustentável. Segundo esse modelo, todas as atividades econômicas (e outras) devem levar em conta o seu impacto sobre o meio ambiente e, assim, evitar a degradação ambiental e o esgotamento dos recursos naturais em longo prazo. Nós nos salvamos salvando o planeta, e isso exige mudanças de atitude. "Nós abusamos da terra porque a consideramos uma mercadoria que nos pertence", escreveu o ecologista americano Aldo Leopold em seu influente livro *A Sand County Almanac* [Um almanaque do condado de Areia] (1949). "Quando vemos a terra como uma comunidade à qual pertencemos, podemos começar a usá-la com amor e respeito."

Ecologia profunda   Sempre houve outras vozes mais estridentes que pediram uma transformação de nossa relação com o meio ambiente. A partir dessa perspectiva radical, conhecida como "ecologia profunda", a imagem do administrador empático é rejeitada por implicar uma relação desigual e exploradora entre seres humanos e natureza.

A alegação central dos ecologistas profundos é de que os animais não humanos, as plantas e os outros componentes do meio ambiente são intrinsecamente valiosos, não só instrumentalmente, como meios para algum benefício humano. A Terra e toda a sua vida abundante não são dignas de nossa consideração porque (ou *simplesmente* porque) elas servem às nossas necessidades ou são belas e enriquecem nossa vida. Na verdade, muitas das espécies que compartilham o planeta conosco não são úteis nem belas, mas ainda assim são inerentemente valiosas. Nossas obrigações morais, portanto, vão além de nossos semelhantes, presentes e futuros, para abranger outras formas de vida e o próprio mundo. Simplesmente não basta salvar a Terra para nos salvar: precisamos viver em harmonia com a natureza porque não somos separados dela, mas parte dela.

Qualquer que seja o fascínio exercido pela ecologia profunda, ele não resiste sem dificuldades. Podemos supor que a consideração moral é devida a coisas que têm interesses ou sentimentos, e que a quantidade de consideração deve ser proporcional ao grau de senciência que uma coisa possui. Com base nisso, podemos considerar muitos ou a maioria dos animais não humanos como merecedores de algum respeito moral. Mas quais são os interesses de uma árvore? Ou, ainda mais estranhamente, os de um objeto inanimado, como um riacho ou uma montanha? Mesmo admitindo que possamos entender a ideia de que tudo na natureza tem valor intrínseco, podemos nos perguntar quanto de respeito moral nós, como humanos, devemos dar a um mosquito transmissor da malária ou a um vírus da varíola – muito embora eles, como nós, possam ter interesses próprios. A ecologia profunda assume rapidamente um aspecto místico, que é sem dúvida parte de seu fascínio, mas esse misticismo pode às vezes parecer ocultar uma incoerência básica.

Com ou sem nós Uma das elaborações mais influentes da ecologia profunda é a teoria de Gaia, proposta pela primeira vez pelo cientista independente britânico James Lovelock em seu livro de 1979, *Gaia: um novo olhar sobre a vida na Terra*. A ideia central de Lovelock é de que a vida na Terra mantém as condições necessárias para sua própria sobrevivência: nosso "planeta estável feito de partes instáveis" é mantido em um estado de equilíbrio por gigantescos mecanismos de *feedback* impulsionados pela atividade reguladora combinada de todos os seus componentes vivos e não vivos. Os humanos podem ser partes e parceiros do todo, mas são "apenas mais uma espécie, nem os donos nem os administradores deste planeta". A lição de Gaia é de que a saúde do nosso mundo depende de uma perspectiva planetária. A conclusão ameaçadora é de que a Terra provavelmente sobreviverá, por mais que a tratemos mal, mas que sua sobrevivência não necessariamente nos inclui.

A ideia condensada
Salvando-nos, salvando o planeta

Glossário

Absolutismo A visão de que há padrões morais que nunca podem ser quebrados, de modo que certas ações são certas ou erradas, não importam as consequências.

Altruísmo Desinteressada ou abnegada consideração pelo bem-estar dos outros.

Antirrealismo *ver* Subjetivismo.

Autonomia A capacidade que tem um agente moral de exercer controle total e independente sobre suas ações.

Ceticismo Uma posição filosófica que desafia ou questiona nossas alegações de conhecimento em ética e em outras áreas do discurso.

Cinismo Informalmente, uma tendência ou disposição a duvidar da sinceridade ou bondade das ações e motivações humanas.

Consequencialismo A visão de que a correção das ações deve ser avaliada puramente em referência à sua eficácia em produzir certos fins desejáveis ou estados de coisas.

Deontologia A visão de que certas ações são intrinsecamente certas ou erradas, independentemente de suas consequências; uma ênfase particular é dada aos deveres e intenções dos agentes morais.

Determinismo A teoria de que todo evento tem uma causa anterior e, portanto, que cada estado do mundo é necessário ou determinado por um estado anterior.

Dever Algo que alguém é obrigado a fazer, ou que é devido a outras pessoas. A noção de dever ou obrigação é a ideia central das abordagens deontológicas da ética (*ver* Deontologia).

Dilema Informalmente, uma escolha entre duas alternativas, nenhuma das quais é atraente ou favorável.

Dogmatismo Insistência na verdade de certos princípios, muitas vezes concomitante com uma relutância em considerar as opiniões dos outros.

Egoísmo A visão de que as pessoas são, na verdade, motivadas pelo interesse próprio (egoísmo psicológico) ou que deveriam ser assim motivadas (egoísmo ético).

Emotivismo De modo geral, a visão de que as declarações éticas são expressões do estado emocional de um falante, em vez de afirmações que podem ser verdadeiras ou falsas.

Empírico Descrição de um conceito ou crença baseados na experiência.

Fatalismo A visão de que o que será, será; portanto, a maneira como agimos não faz diferença.

Humanismo Qualquer visão em que as questões humanas são de primordial importância; em particular, o movimento renascentista, em que a dignidade humana foi elevada em detrimento do dogma religioso.

Iluminismo A "Idade da Razão", o período do pensamento histórico ocidental iniciado no final do século XVII e impulsionado pela Revolução Científica, na qual o poder da razão foi sobreposto à autoridade da religião e da tradição.

Intuicionismo A visão de que as afirmações morais são objetivamente certas ou erradas e podem ser conhecidas apenas por meio de uma faculdade especial identificada como "intuição".

Kantiano Concernente ou conectado a Immanuel Kant (1724-1804) ou a suas visões filosóficas.

Lei da natureza A ideia de que existe uma ordem na natureza, da qual os humanos podem racionalmente derivar seus padrões ou regras de conduta; em geral, supõe-se que fornece a base permanente das leis humanamente construídas.

Liberalismo Uma filosofia política que prioriza o indivíduo como portador de uma série de direitos e liberdades contra o poder do Estado.

Livre-arbítrio ver Determinismo.

Materialismo Uma tendência a se manter bens materiais e confortos físicos acima dos valores espirituais.

Meritocracia Um sistema social em que poder ou status são concedidos proporcionalmente ao mérito (talento e esforço), e não como consequência de classe, gênero, idade etc.

Naturalismo A visão de que os conceitos morais podem ser explicados ou analisados puramente como "fatos da natureza" que, em princípio, são descobertos pela ciência.

Neoliberalismo Uma teoria econômica e política que combina aspectos do liberalismo clássico (especialmente a onipotência dos livres mercados) com um entusiasmo pela liberdade pessoal e encolhimento do Estado.

Normativo Relacionado às normas (padrões ou princípios) pelas quais a conduta humana é julgada ou orientada.

Objetivismo A visão de que valores e atributos como bondade e beleza são inerentes ou intrínsecos aos objetos e existem independentemente da apreensão humana deles.

Obrigação ver Dever.

Paternalismo A tendência ou política de uma autoridade como o Estado de limitar as liberdades dos subordinados ou dependentes no que considera ser seus melhores interesses.

Plágio A prática de reivindicar ou apresentar o trabalho de outra pessoa como se fosse de autoria própria.

Pluralismo Uma forma de tolerância de diferentes visões, culturas etc., baseada na suposição de que nenhuma visão ou cultura é superior a outra.

Pragmatismo A visão de que crenças ou princípios devem ser avaliados por quão bem-sucedidos são na prática.

Racionalismo De modo geral, a insistência de que ação e opinião devem se basear na razão e no conhecimento; um contraponto frequente é com fé ou crença fundamentada em revelação ou tradição religiosa.

Realismo A visão de que valores e atributos realmente existem "lá fora" no mundo, independentemente de os conhecermos ou experimentarmos.

Reforma Movimento religioso na Europa do século XVI que reivindicou a reforma da Igreja Católica Romana e levou ao surgimento do protestantismo.

Relativismo A visão de que a correção ou a incorreção das ações são determinadas por, ou relativas a, cultura e tradições de certos grupos ou comunidades sociais.

Renascimento Um ressurgimento da arte e da literatura europeias, que se estendeu do século XIV ao XVI, inspirado na redescoberta de modelos clássicos.

Secularismo A visão de que o bem-estar humano na vida presente deve ser a base da moralidade, excluindo todas as considerações religiosas.

Subjetivismo A visão de que o valor é baseado não na realidade externa, mas em nossas crenças sobre ela ou nas respostas emocionais a ela (*ver também* Emotivismo).

Utilitarismo Um sistema ético em que as ações são julgadas certas ou erradas na medida em que aumentam ou diminuem o bem-estar humano ou a "utilidade"; a utilidade é interpretada classicamente como prazer ou felicidade humanos.

Índice

#

11 de Setembro (2001), 45, 134, 144
24 horas (programa de TV), 136

A

Aborto, 167-168
Absolutismo, 28, 58, 62, 207
Agostinho, Santo, 183
Alma, 6, 171
Altruísmo, 110-114
Ambiente, o, 202-205
Amizade, 114-118
Animais
   comendo, 162-165
   libertação/direitos dos, 154-157
   e paradoxo da pesquisa, 158-161
Anscombe, Elizabeth, 84
Antirrealismo, 90, 207
Aquino, Tomás de, 62, 155, 182, 183
Aristóteles, 7, 48, 82, 84, 114-115, 202
Atos supererrogatórios, 118, 119

B

Bebê designer, 177
Benevolência, 109, 110, 111
Bentham, Jeremy, 7, 49, 50, 51, 108, 127, 156
Bento XVI, papa, 28
Berlin, Isaiah, 43-44
Boa vida, 6-10, 86
Bondade, 20
Brincando de Deus, 67

C

Camus, Albert, 91, 92, 125
Canibalismo, 137, 164
Capitalismo, 190-193
Castigo, crime e, 126-129
Células-tronco embrionárias, 167
Cenário da bomba-relógio, 135, 136
Censura, 146-149
Certo e errado, 14-17
Clarke, Samuel, 40
Clonagem, 178-181
Consequencialismo, 207
Contrato social, 78-81
Corrupção, 138-141
Crime e castigo, 126-129
Cristianismo, 6, 10, 38, 119, 172

D

Darwin, Charles, 31, 111, 112, 160
Desenvolvimento sustentável, 204
Determinismo, 74- 77, 174, 175, 207
Deus, 7, 10-13, 86
Dever, 46, 47, 55, 56, 58, 60, 63, 67, 68, 106
Deveres *prima facie*, 58-61, 63, 66
Dignidade, 86-88, 106, 109
Dilema(s)
   de Eutífron, 10
   do bonde, 63
   morais, 55
Direitos, 106-109, 155
Direitos humanos, 42, 45, 104, 107
Distribuição de riqueza, 192, 194
Dolly, a ovelha, 178
Doutrina das ações e omissões, 66, 67
Drogas, 150-153
Duplo efeito, 62-65, 66

E

Ecologia profunda, 204, 205
Economia cavalo-e-pardal, 192
Egoísmo, 109, 111, 115

Embriões humanos, 14
Emotivismo, 23, 24, 25, 207
Engenharia genética, 174-177
Epicuro, 7, 172
Especismo, 156, 159
Ética
   da virtude, 48, 82-85
   médica, 64
   origens da, 15
Eudaimonia, 83, 114
Eutanásia, 66, 168-169
Experimentos mentais, 48

F

Falácia naturalista, 19, 20
Fatalismo, 75
Felicidade, 7, 23, 42, 47, 63, 83, 107, 114, 119
Fins e meios, 46-49
Foot, Philippa, 66

G

Giges, anel de, 30-33
Gregos antigos, 7, 8, 72, 84, 111, 202
Guerra, 182-185
Guerra justa, 182, 183, 184

H

Hardin, Garrett, 194, 195, 200
Hare, R. M., 24, 40
Heródoto, 26
Heróis, 118
Hobbes, Thomas, 31, 78, 79, 112
Humanismo, 86-89, 207
Hume, David, 20, 22, 23, 111, 113

I

Idealismo, 187

Igualdade, 16, 88, 95, 98-101
Imparcialidade, 21, 38, 39, 95, 120, 123, 197
Imperativo categórico, 40, 54, 55, 56, 57, 108
Imperativo hipotético, 54
Integridade, 122-125
Intuições, 19, 20, 34, 35, 37, 38, 48, 61
"Irmãos salvadores", 179

J

Justiça, 94-97, 130, 197

K

Kant, Immanuel, 8, 49, 54, 108, 208

L

Lex talionis (lei de talião), 130, 131
Liberais/liberalismo, 99, 101, 147, 152, 195, 196, 197
Liberdade de discurso/expressão, 106, 108, 146, 148
Liberdade negativa, 43
Libertários, 76
Livre-arbítrio, 56, 74-77
Locke, John, 80, 98, 104, 107
Lutero, Martinho, 12

M

Mal, 11, 15, 76
Maquiavel, Nicolau, 186, 187
Máquina de experiências, 52
Marx, Karl, 32, 101, 191
Máximas universais, 55-56
Meio áureo, 84
Mill, John Stuart, 40, 43, 49, 51, 103, 148, 182
Milton, John, 148

Moore, G. E., 20
Moral, dilemas, 55
Moral, subjetivismo, 22-25
Morte, 170-173

N

Naturalismo, 20, 208
Neorrealismo, 188
Nietzsche, Friedrich, 24, 91, 92, 100, 111
Niilismo, 90-93
Nosso futuro comum, relatório (1987), 203

O

Objetividade/objetivismo, 18, 21, 24, 208
Ordem divina, 10-13
Origens da ética, 15

P

Paine, Thomas, 45
Paradoxo da pesquisa, 158-161
Paternalismo, 43, 44, 148, 208
Pena de morte, 130-133
Platão, 7, 10, 12, 19, 28, 30, 31, 32, 82--84, 94, 95, 100, 111, 171
Pobreza, 198-201
Pornografia, 147
Pós-modernismo, 24
Pragmático/pragmatismo, 120, 186, 208
Prazer, 47, 50, 51
Prescritivismo, 24, 25
Princípio do dano, 42-45
Protágoras, 28

R

Rachels, James, 68
Rawls, John, 80, 96

Razão, 7, 23, 56
Realismo, 18-21, 90, 187, 188, 189, 209
Realpolitik, 186-189
Reciprocidade, 15, 38.39
Regan, Tom, 157
Regra de ouro, 38-41
Relativismo, 26-29
Ross, Sir David, 58-59, 66
Rousseau, Jean-Jacques, 32
Ryder, Richard, 158, 159

S

Santidade da vida, 166-169
Santos, 118
Sartre, Jean-Paul, 8, 92
Secularismo, 105, 209
Sen, Amartya, 96
Singer, Peter, 36, 154, 157, 200
Smith, Adam, 190, 191, 193
Socialismo, 100, 190, 198
Sócrates, 7, 28, 32, 51, 111
Sofistas, 28, 111
Sorte moral, 70-74

T

Tabu do incesto, 36
Teoria
  buuu-viva, 24
  de Gaia, 205
Terra salva-vidas, 194-197
Terrorismo, 142-145
Tirania, 28, 43-45, 111
Tolerância, 102-105
Tortura, 134-137
Tragédia dos comuns, 196
Transparência Internacional, 139
Tucídides, 187

U

Universalidade, 21, 120

Utilitarismo, 40, 49, 50-53, 84, 108, 119, 120, 123, 124, 209

V

Valor. 6, 14-15
Véu de ignorância, 80, 96
Vida
   significado da, 5, 86
   santidade da, 166-169
Vida após a morte, 171, 172
Voltaire, 102, 103, 104

W

Waltz, Kenneth, 188
Weber, Max, 142
Williams, Bernard, 122, 123

Leia também os outros títulos da coleção
50 ideias lançados pela Editora Planeta:

*50 ideias de **psicologia** que você precisa conhecer*

*50 ideias de **filosofia** que você precisa conhecer*

*50 ideias de **física quântica** que você precisa conhecer*

*50 ideias de **história do mundo** que você precisa conhecer*

*50 **grandes ideias da humanidade** que você precisa conhecer*

*50 ideias de **matemática** que você precisa conhecer*

*50 ideias de **capitalismo** que você precisa conhecer*

*50 ideias de **astronomia** que você precisa conhecer*

*50 ideias de **química** que você precisa conhecer*

*50 ideias de **biologia** que você precisa conhecer*

**Acreditamos
nos livros**

Este livro foi composto em Dante MT Std
e Bliss Pro e impresso pela Gráfica Santa Marta para
a Editora Planeta do Brasil em agosto de 2019.